Salate

FÜR JEDE GELEGENHEIT

Salate

FÜR JEDE GELEGENHEIT

KARL MÜLLER VERLAG

In gleicher Ausstattung sind bisher erschienen:

Aufläufe
Asien-Küche
Backen für jede Gelegenheit
Besser Backen mit vollwertigen Rezepten
Cocktails
Desserts
Die besten Rezepte mit Hackfleisch
Feste feiern
Fisch-Küche
Gemüse zu jeder Jahreszeit
Gesund, schlank, fit
Kartoffel-Küche
Nudel-Küche
Suppen-Küche
Trennkost
Vollwertküche
Weihnachtsbacken

Die Rezepte in diesem Buch wurden mit aller Sorgfalt zusammengestellt. Eine Garantie kann jedoch nicht übernommen werden. Der Verlag schließt eine Haftung für etwaige Personen-, Sach- und Vermögensschäden aus.

Herausgeber: Elga Sondermann

Layout: Dieter Lidl, München
Einbandgestaltung: Grafik Design Krön, Puchheim b. München
Titelbild: Reformhaus-Kochstudio, Mainz

Inhalt

Vorwort

Gratuliere! Sie halten ein neues modernes Salatbuch in Händen! Über 280 leckere Salatideen können Sie damit verwirklichen und alle Gaumen verwöhnen - sei es nun Ihr eigener oder der Ihrer Familie, von Freunden oder von Bekannten. Ganze Salatbüffets für Ihre nächste Party können Sie daraus zusammenstellen, ob im Winter oder im Sommer, für jede Jahreszeit ist etwas dabei. Aber auch für jeden Geschmack: für Kalorienbewußte ebenso wie für hungrige Salatschlemmer, für Fischfreunde wie für Körnerfans, für Obstliebhaber wie für Gemüseverehrer. Am Schluß des Buches befinden sich zur Abrundung auch noch einige Vorschläge für leckere Vorspeisen.
Ein Wort noch zu den Zutaten: Verwenden Sie am besten möglichst frische Zutaten und natürlich frische Kräuter. Sollten Sie allerdings getrocknete Kräuter verwenden, bedenken Sie daß diese durch die Trocknung intensiver im Geschmack sind. Ein Gewürz sollte im allgemeinen den Salat nur abrunden und nicht dominieren.
Wenn Sie im Rezept ein bestimmtes Öl (z.B. Olivenöl) oder einen bestimmten Essig (z.B. Sherryessig) als Zutat vorfinden, dann betrachten Sie dies bitte als Vorschlag zur optimalen Geschmacksabrundung. In den meisten Fällen wird es aber so sein, daß Ihnen Ihr Salat mit Ihrem Lieblingsöl oder Lieblingsessig, den Sie immer nehmen und an den Sie gewöhnt sind, am besten schmeckt. Also stellen Sie sich nicht auf den Kopf, wenn Sie einmal eine bestimmte Zutat nicht im Haus haben. Die meisten Dinge lassen sich auch mit etwas Fantasie variieren. Ähnliches gilt für Salz und Pfeffer: Es gibt Jodsalz, Vollmeersalz, Gewürzsalz u.a.m. Nehmen Sie das Salz, das Sie bevorzugen. Pfeffer schmeckt am besten aus der Mühle frisch über den Salat gemahlen, aber auch hier gilt: Verfahren Sie, wie es Ihnen beliebt. Zum Schluß noch ein Hinweis: Kochen ist immer eine kreative Angelegenheit. Lassen Sie Ihrer Fantasie freien Lauf, und kombinieren Sie auch einmal nach Ihrem eigenen Geschmack.

Viel Spaß und guten Appetit wünscht Ihnen

die Herausgeberin.

Hinweis: *Soweit nicht anders angegeben, sind die Zutaten in allen Rezepten für 4 Personen bemessen.*

Leichte Blattsalate in bunten Variationen

Blattsalate mit Grapefruitfilets

(Bild Seite 7)

150 g Feldsalat
1 kleiner Kopf Friseésalat
1 kleiner Kopfsalat
50 g Keimsprossen
2 Tomaten
2 Grapefruits
6 El Olivenöl
4 El Himbeeressig
Dillblüten
Salz
Pfeffer
1 Prise Zucker

Salat putzen, waschen, gut abtropfen lassen; Frisée- und Kopfsalat in mundgerechte Stücke zupfen. Keimsprossen auf ein Sieb geben und kurz abspülen. Tomaten waschen und in feine Würfel schneiden. Grapefruits so dick schälen, daß die weiße Haut mit entfernt wird, dann filetieren. Salat, Sprossen, Tomatenwürfel und Grapefruitfilets auf vier Tellern anrichten. Dillblüten darüberstreuen. Essig und Öl verrühren und mit Salz, Pfeffer und Zucker abschmecken und über den Salat verteilen; sofort servieren.

Bunter Sommersalat mit Knoblauchdressing

8 Portionen
200 g Salatgurke
150 g Kohlrabi
100 g Möhren
150 g gelber Paprika
500 g Tomaten
1 Bund Frühlingszwiebeln
150 g Radicchio
500 g Eisbergsalat
300 g Joghurt
3-4 Knoblauchzehen
1 El Zitronensaft
1 Bund Dill
Salz
weißer Pfeffer
4 El Essig
8 El Öl

Zum Bestreuen:
3 Scheiben Toastbrot
2 El Butterschmalz
3 hartgekochte Eier
50 g Emmentaler
30 g Kapern
je 1 Bund Schnittlauch und Petersilie

Gurke mit Schale der Länge nach halbieren. Kerne herausschaben. Fruchtfleisch in größere Würfel schneiden. Kohlrabi und Möhren schälen. In dünne Scheiben schneiden. Paprika waschen, halbieren. Stielansatz und Kerne entfernen. In Streifen schneiden. Tomaten waschen, vierteln oder achteln. Frühlingszwiebeln in feine Streifen schneiden. Salat putzen, waschen, in mundgerechte Stücke teilen. Gemüse in eine Schüssel geben. Für die Sauce Joghurt aufschlagen. Knoblauch durch eine Presse in den Joghurt drücken. Zitronensaft und gehackten Dill unterziehen. Salzen und pfeffern. Für die Vinaigrette Essig mit Salz und Pfeffer mischen. Öl unterrühren. Toastbrot würfeln. In heißem Butterschmalz rösten. Eier schälen, in feine Würfel hacken. Käse in Späne hobeln. Schnittlauch und Petersilie hacken. Saucen und Würzzutaten separat zum Salat servieren.

Tomatensalat mit Oliven

△

1 Kopfsalat
10 schwarze Oliven
3-4 Tomaten
1 grüne Paprikaschote
1 Schalotte
4 El Olivenöl
2-3 El herben Wein
1-2 Knoblauchzehen
Salz, schwarzer Pfeffer
30 g Frischkäse
5-10 Basilikumblätter

Kopfsalat vorbereiten und waschen, Tomaten, die Schote und Schalotte in Scheiben schneiden. Aus Olivenöl, Wein, Knoblauchzehen, Salz und Pfeffer eine Sauce herstellen und den Salat damit mischen. Frischkäse über den Salat geben und mit Basilikumblättern garnieren.

Avocado-Chicorée-Salat

▷

1 dicke, kurze Karotte
2 kleine Stauden Chicorée
2 Stangen Staudensellerie
1 Avocado
1 Tl Zitronensaft

Für das Dressing:
6 El Sonnenblumenöl
1 ½ El Walnußöl
3-4 Tl Himbeeressig oder
Zitronensaft
Salz
weißer Pfeffer
30 g gehackte Walnüsse

Karotte waschen und schälen. Mit einem Sparschäler längs Streifen abschälen. Chicorée waschen, putzen, die Blätter quer halbieren. Staudensellerie waschen, putzen und in schräge Scheiben schneiden. Avocado längs vierteln, Kern herauslösen, schälen, mit Zitronensaft beträufeln und in Scheiben schneiden. Die Zutaten für das Dressing gut miteinander vermischen. Den Salat anrichten, mit dem Dressing beträufeln und mit Nüssen bestreut servieren.

Kürbis-Endivien-Salat

1 Glas Kürbis (à 330 g)
2 El Öl
Salz
1 El Zitronensaft
weißer Pfeffer
1 kleiner Kopf Endiviensalat
100 g Lyoner Wurst

Kürbis abgießen, Saft auffangen. Fruchtstücke in 1 cm große Würfel schneiden. Öl mit Zitronensaft, Salz, Pfeffer und 2 El Kürbissaft verrühren, 5 Minuten ziehen lassen. Endiviensalat putzen, waschen, in kleine Stücke zupfen. Lyoner Wurst pellen und in feine Streifen schneiden. Endiviensalat und Wurst unter den Kürbis heben, abschmecken und auf Tellern anrichten.

Lollo rosso mit Pfeffer-Limetten-Sauce

8-10 Portionen
2 Köpfe Lollo rosso
1 Limette
3 El Crème double
½ El Honig
½ El Öl
Salz
schwarzer Pfeffer
Zucker

Salat waschen, putzen, trockenschleudern und in mundgerechte Stücke zerpflücken. Limette auspressen. Für die Sauce Saft, Crème double, Honig und Öl mischen und mit Salz, Pfeffer und einer Prise Zucker würzen. Salat auf Tellern anrichten und kurz vor dem Servieren die Sauce gleichmäßig über den Salat geben.

Eisbergsalat mit Orangen

▷

2-3 Orangen
1 kleiner Eisbergsalat
3-4 Frühlingszwiebeln

Für das Dressing:
Saft von 2 Zitronen
Salz
Zucker
Pfeffer
2 El Salatöl
3-4 El Crème fraîche
3 El Amaretto

Orangen schälen, weiße Häute entfernen und filetieren. Eisbergsalat in mundgerechte Stücke zupfen, waschen und gut abtropfen lassen. Zwiebeln in feine Ringe schneiden. Salatzutaten in einer Schüssel mischen. Die Zutaten für das Dressing verrühren, mit Amaretto abschmecken. Über den Salat geben, locker mischen und kurz durchziehen lassen.

Griechischer Tomatensalat mit Feta

8 Fleischtomaten
2 Frühlingszwiebeln
4 Knoblauchzehen
12 schwarze Oliven
1 Bund glatte Petersilie
3 El Kapern
200 g Schafskäse
1 El Zitronensaft
4 El Olivenöl

Tomaten in Scheiben schneiden und auf Tellern anrichten. Frühlingszwiebeln und Knoblauch hacken. Oliven entsteinen und klein schneiden. Petersilie und Kapern hacken. Alles mischen, über die Tomaten verteilen. Schafskäse in Scheiben schneiden und auf vier Portionen verteilen. Mit Zitronensaft und Olivenöl beträufeln.

Kopfsalat mit Wildkräutern

1 kleiner Kopfsalat
200 g Wildkräuter
1 Bund Petersilie
2 Scheiben Weizenvollkornbrot
2 Tl Butter

Für die Sauce:
¼ Tl Salz
1 Tl Apfel- oder Birnendicksaft
1 Eigelb
2 El Essig
je 1 Msp. gem. Piment und Senfkörner
2 El Haselnuß- oder Mandelmus
6 El Öl

Für die Sauce Salz mit Dicksaft, Eigelb, Essig, Piment und Senfkörnern verrühren. Nußmus und dann Öl zugeben. Wildkräuter fein hacken. Salat zerpflücken, waschen und in mundgerechte Stücke zerteilen, mit Kräutern mischen. Sauce darübergießen, Salat vorsichtig unterheben. Brot würfeln, in der Pfanne in Fett goldbraun braten, auf den Salat streuen.

Blattsalat »Red River«

1 kleiner Kopf Batavia
1 kleiner Kopf Radicchio
1 kleiner Bund Rucola oder Brunnenkresse, Pfeffer
8 El Sonnenblumenöl
3-4 El Weißweinessig
4 runde, flache, in Olivenöl eingelegte Ziegenkäse (à 75 g)
50 g Sonnenblumenkerne

Salate putzen, waschen und in mundgerechte Stücke zerpflücken. Rucola verlesen bzw. Brunnenkresseblätter von den Stengeln zupfen. Salatblätter und Rucola auf vier Tellern anrichten. Öl, Essig und etwas Pfeffer verrühren. Gleichmäßig über die Salate träufeln. Den Ziegenkäse in eine ofenfeste Form geben, mit Sonnenblumenkernen bestreuen, die Kerne etwas andrücken. Im Ofen bei 180 Grad 10 Minuten überbacken. Der Käse sollte möglichst nicht zerlaufen. Je einen heißen Käse auf die 4 Salatteller geben und sofort servieren.

Brunnenkressesalat mit Geflügelleber

120 g Brunnenkresse
100 g Cocktailtomaten
20 g Cashewkerne
4 Hühnerlebern
1 El Butterschmalz
Salz, weißer Pfeffer
frische Thymianblättchen
1 Pckg. French-Dressing

Brunnenkresse waschen, putzen. Cocktailtomaten waschen und in Spalten oder Scheiben schneiden. Cashewkerne längs halbieren und in einer Pfanne rösten. Hühnerleber waschen, putzen und im Schmalz braten. Die Brunnenkresse in dem French-Dressing wenden, anrichten. Mit Tomaten und Cashewkernen garnieren, French-Dressing darübergeben. Die Hühnerleber daneben anrichten. P. S. French-Dressing kann man auch selbst machen: Eine gute Vinaigrette mit Sahne und Ketchup aufrühren.

Salat von Pfifferlingen und Lauch

250 g Pfifferlinge
2 Stangen Lauch (200 g)
1 kleiner Kopf Radicchio
2 Schalotten
½ Bund glatte Petersilie
20 g Butter
2 El Trauben- oder Weißweinessig
2 El Traubenkernöl
20 g Pinienkerne
Salz, Pfeffer

Pfifferlinge putzen und unter fließendem Wasser kurz abspülen, gut abtropfen lassen. Wurzeln und dunkelgrüne Teile vom Lauch abschneiden, den Rest waschen und schräg in Ringe schneiden. Radicchio putzen, auseinanderpflücken und waschen. 4 schöne Herzblätter beiseitelegen (den Rest anderweitig verwenden). Die Schalotten pellen und fein würfeln. Petersilie waschen, 8 Blätter beiseitelegen, die restlichen abzupfen und fein hacken. Butter in der Pfanne schmelzen, die Schalotten darin glasig dünsten. Pfifferlinge dazugeben und 3 Minuten mitdünsten. Lauchringe in kochendem Wasser 2 Minuten blanchieren, dann in kaltem Wasser kurz abschrecken. Essig zu den Pfifferlingen in die Pfanne gießen. Auch Öl, gehackte Petersilie und Pinienkerne dazugeben, mit Salz und Pfeffer abschmecken. Radicchioblätter und Lauch auf Tellern anrichten, die Pfifferlinge daraufgeben und mit den Petersilienblättern garnieren.

Blattsalate mit gefüllten Zucchiniblüten

1 Bund Brunnenkresse
100 g Raukesalat
1 Kopf Romanasalat
100 g Möhren
6 El Kürbiskernöl
1-2 El Balsamessig
1 Tl Birnendicksaft
Salz, Pfeffer
50 g Pinienkerne
200 g Doppelrahmfrischkäse
Saft und Schale einer unbehandelten Zitrone
8 Zucchiniblüten
Sonnenblumenöl

Salate putzen, waschen, trockenschleudern. Brunnenkresseblätter von den Stielen zupfen, Rauke in mundgerechte Stücke teilen, Batavia in Streifen schneiden. Möhren schälen und grob raspeln. Aus 4 El Kürbiskernöl, 1 El Balsamessig, Birnendicksaft, Salz und Pfeffer eine Salatsauce rühren. Für die Füllung die Pinienkerne ohne Fett rösten und grob hacken. Frischkäse mit restlichem Kürbiskernöl, Pinienkernen und der Hälfte Zitronensaft, Zitronenschale, Balsamessig, Salz und Pfeffer verrühren. Zucchiniblüten putzen, Staubgefäße vorsichtig herauslösen. Fruchtansätze abschneiden. Zucchiniblüten mit der Käsemasse füllen, Spitzen leicht zusammendrehen. Blüten im Sonnenblumenöl bei mittlerer Hitze ca. 1 Minute braten und mit restlichem Zitronensaft beträufeln. Salate und Möhren mit der Sauce mischen und mit den Zucchiniblüten anrichten.

Frühlingssalat mit Joghurtdressing

▽

1 Burgundersalat
50 g frischer Spinat
1 Kohlrabi, 1 Karotte
2 Frühlingszwiebeln
1 Pckg. Joghurt-Dressing
frischer Kerbel

Salat und Spinat putzen und waschen, in mundgerechte Stücke zupfen. Kohlrabi und Karotte schälen, erst in Scheiben, dann in Streifen schneiden. Frühlingszwiebeln in schräge Scheiben schneiden. Salat, Spinat und Zwiebeln mit dem Joghurt-Dressing mischen, auf Tellern anrichten, mit Gemüsestreifen bestreuen und mit Kerbelblättchen garniert sofort servieren.

Leichter Salat mit Sonnenblumenkernen

▷

1 Kopfsalat
1 Lollo Rosso
250 g Cocktailtomaten
1 Salatgurke
je 1 rote, grüne und gelbe Paprikaschote
1 Bund Frühlingszwiebeln
1 rote Zwiebel
50 g Sonnenblumenkerne
4 El Balsamessig
1 Tl mittelscharfer Senf
Salz
Pfeffer
8 El Olivenöl

Salat putzen, waschen und abtropfen lassen. Tomaten waschen und halbieren. Gurke schälen, halbieren und entkernen. Die Hälften längs in mundgerechte Stücke schneiden. Paprikaschoten waschen, putzen und in dünne Ringe oder kleine Würfel schneiden. Frühlingszwiebeln waschen, die rote Zwiebel schälen und beides in feine Ringe schneiden. Sonnenblumenkerne in einer Pfanne ohne Fett goldbraun rösten, auskühlen lassen. Alle Zutaten in einer großen Schüssel vermischen. Aus dem Essig, Senf, Salz, Pfeffer und Öl eine dickcremige Sauce schlagen und über die Zutaten geben. Vorsichtig vermischen, mit Sonnenblumenkernen bestreuen und sofort servieren.

Blattsalate mit Spargel

250 g Spargel, Salz
200 g gemischte Blattsalate
1 Bund Radieschen
½ Salatgurke
100 g gekochter Schinken
1 El Zitronensaft
2 El Walnußöl
1 rote Zwiebel
2 hartgekochte Eier
je 3 Stengel Dill, Kerbel und Minze
2-3 El Rotweinessig
2 Tl ger. Meerrettich
schwarzer Pfeffer
Zucker
3 El Öl

Spargel schälen, einmal zerteilen. In kochendem Salzwasser 15 Minuten garen. Inzwischen die Salate verlesen, waschen, in mundgerechte Stücke zupfen. Radieschen und Gurke waschen, putzen. Radieschen achteln, Gurke längs halbieren und in Scheiben aufschneiden. Schinken in Streifen teilen. Spargel abgießen, mit Zitronensaft und Walnußöl übergießen, ziehen lassen. Zwiebel in feine Ringe schneiden. Eier pellen und achteln. Kräuter waschen, fein hacken. Essig, Meerrettich, Salz, Pfeffer und Zucker verquirlen. Marinade vom Spargel und das übrige Öl unterschlagen. Alle Zutaten anrichten, mit Sauce überträufeln und mit Kräutern bestreuen. Mit Pfeffer übermahlen.

Eichblattsalat mit Käsetalern

100 g Doppelrahmfrischkäse
50 g milder Edelpilzkäse
weißer Pfeffer
1 kleiner Kohlrabi
1 El Butter
Salz
3 El Sesamsaat
1 Eichblattsalat (ca. 200 g)
3 El Kräuteressig
1 El Weinbrand
Zucker
5 El Sonnenblumenöl
etwas Kerbel

Frischkäse und den zerbröckelten Edelpilzkäse gut verkneten, pfeffern. Aus der Masse durch Drehen auf der Arbeitsfläche eine Rolle (2-3 cm Durchmesser) formen, in Folie eingewickelt kalt stellen. Kohlrabi putzen, schälen und halbieren, in dünne Scheiben schneiden. In der zerlassenen Butter und 6 El Wasser 4 Minuten dünsten, salzen. Abgießen und abkühlen lassen. Sesam in einer Pfanne ohne Fett goldbraun rösten. Salat putzen, waschen und in Stücke zerpflücken, mit dem Kohlrabi auf 4 Tellern anrichten. Käserolle in 2 El Sesam wälzen und in dünne Scheiben schneiden. Auf dem Kohlrabi verteilen. Für die Vinaigrette Essig, Weinbrand, Salz, Pfeffer, Zucker und Öl gut verschlagen, über den Salat träufeln. Kerbelblättchen abzupfen, mit dem restlichen Sesam über den Salat streuen.

Salatschüssel mit Schafskäse

▷

1 Kopfsalat
4-5 Tomaten
1 Bund Radieschen
½ Gurke
1 große Gemüsezwiebel
2-3 El Weinessig
3-4 El Sonnenblumenöl
2 Knoblauchzehen
Salz
weißer Pfeffer
100 g Schafskäse

Kopfsalat putzen und waschen, Tomaten schneiden, ebenfalls die Radieschen, Gurke und Zwiebel. Aus Weinessig, Öl, zerdrückten Knoblauchzehen, Salz und Pfeffer eine Salatsauce herstellen und mit dem Gemüse vermengen, mit zerbröckeltem Schafskäse bestreuen. Oder: Schafskäse eingepackt in Folie kurz ins heiße Wasser legen und dann mit Essig und Öl vermengen, evtl. mit einem Becher Joghurt verlängern, dann über den Salat geben.

Spinatsalat mit gehacktem Ei △

2-3 El Sonnenblumenöl
Saft einer halben Zitrone
Salz
Pfeffer
1 Tl Apfeldicksaft
2 hartgekochte Eier
250 g Blattspinat

Aus Pflanzenöl, Zitronensaft, Salz, Pfeffer, Apfeldicksaft und zerdrücktem Eigelb eine Salatsauce herstellen. Spinat putzen, große Stiele entfernen und waschen. Wer es ganz so roh nicht mag, kann den Spinat auch in kochendem Salzwasser kurz blanchieren, kalt abspülen, abtropfen lassen. Dann mit der Sauce vermischen. Das verbleibende Eiweiß klein hacken und als Dekoration über den Salat geben.

Feldsalat mit Avocadocreme

▷

250-300 g Feldsalat
2 Tomaten
1 reife Avocado
50 ml Sahne, Salz
Saft einer Zitrone
schwarzer Pfeffer
Paprikapulver
1 El gehackte Walnüsse

Feldsalat vorbereiten, gut waschen und abtropfen lassen. Tomaten kurz in kochendes Wasser tauchen, enthäuten und achteln. Jeweils auf einem flachen Teller anrichten. Avocado schälen, halbieren und den Kern entfernen. Eine Hälfte mit der Gabel zerdrücken, mit Sahne verrühren und mit Zitronensaft, Pfeffer, Salz und Paprikapulver abschmecken. Über dem Salat verteilen. Mit der restlichen, in Scheiben geschnittenen Avocado garnieren, mit Zitronensaft beträufeln und mit Nüssen bestreuen.

Knackiger Salat mit Roquefortdressing

200 g Roquefort-Käse
1 Becher Joghurt
Saft einer halben Zitrone
1 Staude Chicorée
½ Kopf Eisbergsalat
1 kleiner Kopf Radicchio
2 El Essig
2 El Nußöl
Salz, Pfeffer
2 Mandarinen oder Satsumas

150 g Käse mit der Gabel zerdrücken, mit Joghurt und Zitronensaft mit dem Handmixer cremig rühren. Salat putzen, vom Chicorée den Strunk ausschneiden. Chicorée kurz wässern. Blätter ablösen, die Hälfte davon vierteln. Eisbergsalat und Radicchio grob zerrupfen. Aus 2 El Essig, 2 El Öl, etwas Salz und Peffer eine Marinade rühren. Mandarinen schälen, in Spalten teilen, nach Belieben enthäuten. Den übrigen Käse würfeln. Salate in der Marinade kurz wenden, mit den Mandarinen, Chicoréeblättern, Käsewürfeln auf vier Portionstellern dekorativ anrichten. Käsedressing gleichmäßig darüberträufeln.

Löwenzahnsalat

100 g Friséesalat
100 g Radicchio
200 g Löwenzahnsalat
2 rote Zwiebeln
1 Kästchen Kresse

Für die Sauce:
2 El Senf
2 El Essig
4 El Crème fraîche
3 El Öl
Salz
Pfeffer
Zucker
Zitronensaft
1 Bund Zitronenmelisse

Salate putzen und zerteilen. Zwiebeln in Streifen schneiden. Kresse grob hacken. Alle Zutaten behutsam vermischen. Aus den angegebenen Zutaten eine Salatsauce anrühren und über den Salat gießen. Mit Zitronenmelisse dekorieren.

Möhren-Kohlrabi-Cocktail mit grünem Pfeffer ▷

2 Kohlrabi
2-3 Möhren
Saft einer Zitrone
3-4 El Sonnenblumenöl
etwas Honig
1 Tl Senf
Salz
1 El grüne Pfefferkörner

Kohlrabi und Möhren waschen, schälen und in sehr dünne Streifen schneiden oder raspeln. Aus Zitronensaft, Öl, Honig, Senf, Salz und feingeschnittenem Kohlrabigrün eine Sauce herstellen. Kohlrabi und Möhren zugeben und vermengen. Mit Pfefferkörnern bestreuen.

Romanasalat mit Zwiebelringen ▷

1 Staude Romanasalat
1 Zwiebel, Salz
2-3 El Rotweinessig
schwarzer Pfeffer
2 zerdrückte Knoblauchzehen
2-3 El Olivenöl
Thymian
1-2 El Käseraspel

Salat in Blätter zerteilen, waschen, zerkleinern, abtropfen lassen. Zwiebel in feine Ringe schneiden. Aus den übrigen Zutaten eine Salatsauce herstellen und den Salat damit übergießen. Mit Käseraspeln garnieren.

Auberginensalat

2 große Auberginen (ca. ½ kg)
100 ml Öl
1 kleines Eigelb
Salz
1 Tl Zitronensaft
1 El Sauerrahm
1 Zwiebel
1 Knoblauchzehe
2 Tomaten
einige Petersilienstengel

Auberginen putzen, waschen und der Länge nach halbieren. Gut trockentupfen, auf der rund gewölbten Fläche mit Öl einpinseln. Nebeneinander auf einen Rost legen, im Ofen bei 300 Grad braten, bis die Schale platzt und schwarz wird. Eigelb, Salz und Zitronensaft verrühren. Öl im dünnen Strahl nach und nach einlaufen lassen, dabei ständig schlagen. Sauerrahm unterheben. Auberginen herausnehmen, mit einem kalt angefeuchteten Tuch abdecken, abkühlen lassen. Zwiebel und Knoblauchzehe fein hacken. Auberginen enthäuten. Das Fruchtfleisch in kleine Würfel schneiden. In einer Schüssel mit Zwiebel, Knoblauch und Mayonnaise mischen. Nochmals abschmecken. Tomaten überbrühen, häuten und in feine Würfel schneiden, auf dem Salat anrichten. Mit Petersilie garniert sofort servieren.

Bunte Gurkenschiffchen

▷

2 große Salatgurken
(à ca. 600 g)
1 kleine Salatgurke (à ca. 250 g)
4 Tl ger. Käse
200 g Tomaten
200 ml Joghurt-Dressing
1 Knoblauchzehe
1 hartgekochtes Ei
2 El frische Dillspitzen
100 g Radieschen
1 El gezupfte Zitronenmelisse
100 g gelbe Paprikaschote
1 kleine Zwiebel

Gurken waschen, die großen längs halbieren und mit dem Kugelausstecher das Fruchtfleisch so weit entfernen, daß ein nicht zu dünner Rand bestehen bleibt. Die Gurkenhälften mit je 1 Tl Käse bestreuen. Die kleine Gurke in ca. ½ cm dicke Scheiben schneiden. Die Gurkenhälften damit an den Rändern fächerartig auslegen. Tomaten waschen und in 12 Scheiben schneiden. Diese quer so in die Gurkenschiffchen hineinstellen, daß pro Gurkenhälfte 4 Fächer gebildet werden. Die Fächer werden mit folgenden Dressing-Varianten gefüllt: 200 g abgetropftes Gurkenfleisch hacken, mit zerdrückter Knoblauchzehe würzen und mit 2 El Joghurt-Dressing mischen. Das Ei fein hacken und mit Dill unter 2 El Joghurt-Dressing rühren. Radieschen putzen, waschen und feinstreifig schneiden, mit Zitronenmelisse und 2 El Salatdressing vermengen. Paprikaschote putzen, fein würfeln und zusammen mit der feingewürfelten Zwiebel und 2 El Joghurt-Dressing vermischen.

Möhren mit Mangosauce

30 g Pinienkerne
1 Bund Frühlingszwiebeln
2 Knoblauchzehen
1 Stück frischer Ingwer
(walnußgroß)
4 El Distelöl
20 g Rosinen
1 Mango (ca. 350 g)
½ El Curry
200 ml trockener Weißwein
Salz
1 Tl Apfeldicksaft
500 g Möhren
2 El Zitronensaft
½ Bund Schnittlauch

Pinienkerne in einer Pfanne ohne Fett hellbraun rösten, beiseitestellen. Frühlingszwiebeln waschen, putzen und schräg in feine Ringe schneiden. Knoblauch und Ingwer fein hacken. 2 El Öl in einer Pfanne erhitzen. Frühlingszwiebeln, Rosinen, Knoblauch und Ingwer darin 5 Minuten unter Wenden dünsten. In der Zwischenzeit Mango schälen, das Fleisch in Streifen vom Stein schneiden und fein würfeln. In der Pfanne ganz kurz mitdünsten, dann Curry unterrühren. Weißwein zugeben, mit Salz und Apfeldicksaft würzen und 2-3 Minuten ziehen-, dann abkühlen lassen. Inzwischen die Möhren putzen und der Länge nach in feine Scheiben schneiden. Restliches Öl mit Zitronensaft verrühren. Die Möhren salzen, in der Mischung wenden und auf vier Tellern anrichten.
Mangosauce gleichmäßig über den Möhren verteilen und mit Schnittlauchröllchen und Pinienkernen bestreut sofort servieren.

OMY

Blattsalat mit Austernpilzen

▷

50 g Sonnenblumenkerne zum Keimen
ca. 500 g Blattsalate (z.B. 250 g Lollo Rosso, 200 g Löwenzahnsalat, 30 g Brunnen- oder Gartenkresse)
300 g Austernpilze
1 kleine Zwiebel
1-2 Knoblauchzehen
3 El Pflanzenöl
Salz
Pfeffer
50 g Sonnenblumenkerne zum Bestreuen

Für das Dressing:
2 El flüssiger Honig
4 El Apfelessig
2 El Sojasauce
8 El Sonnenblumenöl

Die Sonnenblumenkerne 3 Tage keimen lassen. Die Keimlinge kalt abspülen und abtropfen lassen. Salate putzen, kurz kalt abbrausen, abtropfen lassen und in mundgerechte Stücke zupfen. Austernpilze putzen und je nach Größe halbieren oder vierteln, dicke Strünke wegschneiden. Zwiebel und Knoblauch fein hacken. Öl in einer großen Pfanne erhitzen und die Pilze kräftig darin anbraten. Hitze reduzieren. Zwiebel und Knoblauch hinzufügen und unter Wenden einige Minuten braten, salzen und pfeffern. Leicht abkühlen lassen.
Für das Dressing alle Zutaten gut miteinander vermischen. Sonnenblumenkerne in einer Pfanne ohne Fett rösten. Salate mit den Sprossen mischen, im Dressing wenden und auf Tellern mit den Pilzen anrichten. Restliches Dressing darüberträufeln. Sonnenblumenkerne darüberstreuen.

Kartoffel-Tomaten-Salat mit Kürbiskern-Pesto

100 g Kürbiskerne
1 großer Bund Basilikum
2-3 Knoblauchzehen
4 El Olivenöl
⅛ l Gemüsefond (aus dem Glas)
Salz
200 g kleine Kartoffeln
250 g kleine Tomaten
2 Eier
8 schwarze Oliven

Kürbiskerne im Mixer fein zerkleinern oder sehr fein hacken. 2-3 Stengel Basilikum beiseitestellen. Restliches Basilikum fein hacken. Knoblauchzehen durchpressen. Kürbiskerne, Basilikum und Knoblauch mit dem Olivenöl und Gemüsefond verrühren, salzen und kühl stellen. Kartoffeln waschen, in kochendem Salzwasser weichkochen und gepellt oder ungepellt in Scheiben schneiden. Tomaten waschen, Stielansatz herausschneiden und die Tomaten in Scheiben schneiden. Eier hartkochen, abkühlen, pellen und in Scheiben schneiden. Kürbiskern-Pesto auf 4 Teller verteilen. Kartoffel-, Tomaten- und Eischeiben kranzförmig drumherum anrichten, vorsichtig salzen. Restliche Basilikumblättchen abzupfen, Olivenfleisch vom Stein schneiden. Salat damit garnieren.

Auberginen-Spargel-Salat mit Avocadocreme ▷

1 große Aubergine
500 g Spargel
(ersatzweise a.d. Dose)
½ Avocado
1 El Zitronensaft
30 g Kapern
50 ml Öl

Für die Creme:
½ Avocado
5 El Zitronensaft
1 Zwiebel
Salz
Pfeffer
Ingwerpulver
Cayennepfeffer
Zucker

Aubergine waschen, in ca. 1 cm große Stücke schneiden, salzen, 10 Minuten abgedeckt durchziehen lassen, trockentupfen. Im heißen Öl ca. 3-4 Minuten unter Wenden braten, danach auf Papier legen, damit das Öl abtropfen kann, abkühlen lassen. Spargel schälen, in kleine Stücke schneiden und in kochendem Salzwasser (eine Prise Zucker zugeben) ca. 5 Minuten kochen, abkühlen lassen, abgießen (beides läßt sich auch am Tag zuvor vorbereiten). Avocado schälen, die eine Hälfte in kleine Stücke schneiden, mit 1 El Zitronensaft beträufeln, zu den Auberginen und Spargelstücken geben, Kapern ebenfalls zugeben. Die andere Hälfte der Avocado im Mixer pürieren, 5 El Zitronensaft sowie feingehackte Zwiebel dazugeben. Mit Salz, Pfeffer, Ingwerpulver, Cayennepfeffer und Zucker kräftig abschmecken und über die Salatzutaten geben.

Artischocken mit Tomaten-Senf-Sauce

Salz
6 El Zitronensaft
4 große Artischocken
(à ca. 360 g)
250 g Tomaten
2 kleine Zwiebeln
2 El Olivenöl
2 El mittelscharfer Senf
1 Bund glatte Petersilie
1 Bund Basilikum
1 Glas Kapern
Pfeffer
1 Tl Zucker
125 g kalte Butter

In einem großen Topf reichlich Salzwasser mit dem Zitronensaft zum Kochen bringen. Von den Artischocken die Stiele abbrechen. Die Bruchstellen und die Blätter mit einem Sägemesser glattschneiden. Ins kochende Wasser geben und in 40-50 Minuten garen. Inzwischen die Tomaten im Artischockenwasser kurz brühen, kalt abschrecken, häuten, vierteln, entkernen und in Würfel schneiden. Zwiebeln würfeln und im Olivenöl glasig dünsten. Senf zu den Zwiebeln geben und unter Rühren kurz anschwitzen. ½ l Artischockenwasser dazugeben, offen ca. 15 Minuten einkochen lassen. Gehackte Kräuter, abgetropfte Kapern und Tomatenwürfel in die Sauce geben, mit Salz, Pfeffer und Zucker kräftig würzen. Gewürfelte Butter nacheinander unter die Sauce rühren. Nicht mehr kochen lassen. Artischocken auf einem Handtuch abtropfen lassen. Auf Teller setzen, die Blätter etwas auseinanderziehen und einen Teil der Sauce über die Artischocken verteilen. Den Rest getrennt reichen.

Spinatsalat mit Radieschen

▷

250 g Spinatblätter
1 Bund Radieschen
2-3 El Keimlinge

Für das Dressing:
2-3 El Weinessig oder Zitronensaft
2 Knoblauchzehen
Salz
schwarzer Pfeffer
4 El Tomatenmark
1-2 El Pinienkerne

Spinat gründlich waschen, harte Stiele entfernen. Radieschen waschen, in sehr dünne Scheiben schneiden. Spinat, Radieschenscheiben und Keimlinge vermengen. Aus Essig, zerdrücktem Knoblauch, Salz, Pfeffer, Öl, Tomatenmark und evtl. 1-2 El heißem Wasser eine Sauce herstellen und über den Salat verteilen. Mit Pinienkernen garnieren.

Brunnenkresse mit Sahnehaube

▷

2-3 Bund Brunnenkresse
2 Tomaten
einige Melisseblätter

Für die Sauce:
100 ml Sahne
Saft einer Orange
½ Tl Honig
Salz
weißer Pfeffer
etwas zerstoßener Koriander
2-3 El Keimlinge

Von der Brunnenkresse die harten Stiele abschneiden. Blätter waschen und abtropfen lassen, evtl. etwas zerkleinern. Tomaten kurz in kochendes Wasser tauchen, enthäuten und achteln. Mit der Kresse und den Melisseblättern vermengen. Sahne leicht „anschlagen" und mit Orangensaft, Honig, Salz, Pfeffer und Koriander vermengen. Sauce gleichmäßig über den Salat verteilen, die Keimlinge darüberstreuen.

Romanasalat mit Käseraspeln

▷

1 Staude Romanasalat
ca. 80 g Gouda
2-3 El Keimlinge

Für die Sauce:
2 El Weinessig
1 Tl Senf
schwarzer Pfeffer
Salz
4 El Walnußöl

Salat in Blätter zerteilen, waschen, in mundgerechte Stücke zerkleinern und abtropfen lassen. Käse auf einem Hobel reiben. Aus Essig, Senf, Pfeffer, Salz und Öl eine Sauce herstellen. Den Salat mit der Sauce gründlich vermengen. Die Keimlinge deklorativ darüberstreuen.

Lollisalat mit Nüssen

1 Kopf Lollo Rosso
100 g Feldsalat
je 2 El Schnittlauch, Estragon, Zitronenmelisse und glatte Petersilie
3-4 El Rotweinessig
2 Schalotten
1 rote Zwiebel
6 El Olivenöl
Salz
je 2 El gehackte, geröstete Haselnüsse und Walnüsse

Salat putzen und in feine Blättchen zupfen, mit den geputzten Feldsalatblättchen mischen.

Essig mit etwas Salz verrühren. Schalotten fein würfeln, leicht im Essig zerdrücken, Öl dazugeben. Dressing, Salate, Schnittlauch, Zwiebelringe sowie Kräuterblättchen gut mischen, geröstete Nüsse unterheben und sofort servieren.

Brunnenkressesalat mit Nüssen

▷

400 g Brunnenkresse
1 Apfel

Für die Sauce:
1 El Haselnußmuß
Saft einer halben Zitrone
Salz
schwarzer Pfeffer
½ Tl Honig
3-4 El Haselnußöl
2 El geh. Haselnüsse zum Garnieren.

Brunnenkresse verlesen und waschen. Apfel in feine Scheiben schneiden. Aus Haselnußmus, 1 El heißem Wasser, Zitronensaft, Salz, Pfeffer, Honig und Öl eine Sauce herstellen. Brunnenkresse und Apfelscheiben damit beträufeln. Mit gehackten, leicht angerösteten Haselnüssen bestreuen und sofort servieren.

Gemischter Salat mit Kräuter-Schmand-Sauce

6 Portionen
250 g gemischte Blattsalate
4 Tomaten
½ Bund Radieschen
1 Bund Schnittlauch
250 g Schmand
1-2 El Weißweinessig
je 1 Tl gehackte Pimpernelle, Zitronenmelisse und glatte Petersilie, Salz
3 El Milch
Pfeffer, Zucker

Salate putzen, waschen, trockenschleudern und in mundgerechte Stücke teilen. Tomaten vierteln. Radieschen in Scheiben schneiden. ½ Bund Schnittlauch in feine Röllchen schneiden. Schmand mit Essig und Milch glattrühren, gehackte Kräuter untermischen, mit Salz, Pfeffer und einer Prise Zucker würzen. Salat mit der Sauce anrichten, mit dem ganzen Schnittlauch garnieren.

Weißkohlsalat mit Gurke und Mandeln

1 kg Weißkohl
Salz
200 g Gewürzgurken
1 Stange Lauch
2 Äpfel
⅛ l Essig
⅛ l (Instant-)Hühnerbrühe
1 El Kümmel
Pfeffer
60 g Mandeln
1 Kästchen Kresse

Kohl in dünne Streifen schneiden. Etwas Salz darüberstreuen und stampfen. Gurken in Stifte, Lauch in Ringe und Äpfel in Spalten schneiden. Essig, Brühe und Kümmel aufkochen, über die vorbereiteten Salatzutaten gießen. 30 Minuten durchziehen lassen. Würzen. Kurz vor dem Servieren grob gehackte Mandeln und Kresse locker unterheben.

Linsen-Champignon-Salat

▷

180 g Linsen
¼ l (Instant-)Gemüsebrühe
400 g kleine Champignons
30 g Cashewkerne
1 reife Avocado
2 Stauden Chicorée
Saft einer Zitrone

<u>Für die Sauce:</u>
3 El (Instant-)Gemüsebrühe
3 El Weinessig
1 El Senf
Salz
Pfeffer
3 El Sonnenblumenöl
frische Kräuter zum Garnieren

Linsen in kochender Gemüsebrühe ca. 5-7 Minuten bei kleiner Hitze kochen, abkühlen lassen (3 El Brühe für die Sauce übriglassen). Champignons waschen, Haut entfernen und in feine Scheiben schneiden. Cashewkerne halbieren und ohne Fett leicht anrösten. Avocado schälen und in feine Streifen schneiden, Chicorée halbieren, den Strunk entfernen und ebenfalls kleinschneiden; beides mit Zitronensaft beträufeln. Gemüsebrühe, Weinessig, Salz, Pfeffer und Öl zu einer Sauce verrühren. Auf Tellern dekorieren, mit Cashewkernen garnieren und mit der Sauce beträufeln.

Petersiliensalat mit Joghurtsauce und schwarzem Senf

6 Bund glatte Petersilie
200 g Porree
½ Salatgurke
1 Apfel
Salz
3 El Öl
2 El Sesamöl
3 El Zitronensaft
1 Becher Joghurt
1 Knoblauchzehe
1 El schwarze Senfsaat

Petersilie gebündelt in stehendem Wasser gründlich waschen, kräftig ausschütteln und die Blätter abzupfen. Porree in sehr dünne Scheiben schneiden. Gurke waschen, längs halbieren und entkernen. Gurke und den gewaschenen Apfel ungeschält sehr fein würfeln. Gurke salzen. Aus Öl, 1 El Sesamöl, 2 El Zitronensaft und 1 Prise Salz eine Sauce rühren. Petersilie, Porree, Gurke und Apfel darin wenden und locker auf einer Servierplatte anrichten. Joghurt mit dem restlichen Zitronensaft glattrühren, salzen und mit dem durchgepreßten Knoblauch würzen. Senfsaat im restlichen Sesamöl anrösten, bis sie anfängt zu springen, unter das Joghurt mischen, löffelweise über den Salat verteilen oder separat dazu servieren.

Rohkost mit Sprossen

▷

1 kleine Staude Chinakohl (ca. 250 g)
50 g Feldsalat
1 rote Paprikaschote
1 Apfel
1 Tasse Sprossen (z. B. Alfalfa, Sonnenblumenkerne, Linsen, Mungobohnen)
1 Becher Sauermilch
Saft einer halben Zitrone
1 Tl (frisch geriebener) Meerrettich
Salz
Paprikapulver
schwarzer Pfeffer

Chinakohl waschen und in ca. 1 cm breite Streifen schneiden. Feldsalat verlesen und gründlich waschen. Paprikaschote waschen und in feine Streifen schneiden. Apfel halbieren. Eine Hälfte in kleine Würfel schneiden, die andere Hälfte für die Salatsauce aufbewahren. Sprossen gut durchspülen und abtropfen lassen. Die Sauermilch mit Zitronensaft gut verrühren. Meerrettich zugeben und den halben Apfel hineinreiben. Mit Salz, Paprikapulver und Pfeffer abschmecken. Auf Tellern anrichten und mit der Salatsauce beträufeln.

Radicchio-Brunnenkresse-Salat mit Bries

8 Portionen
600 g Kalbsbries
Salz
8 El Weißweinessig
1 großer Kopf Radicchio
1 Bund Brunnenkresse
Pfeffer
4 El Öl
3 El Walnußöl
1 Petersilienwurzel
2 El Weißwein
1 El Mehl
40 g Butter
80 g Walnußkerne

Das Kalbsbries unter fließendem Wasser reinigen, 1 Stunde wässern, das Wasser dabei mehrfach erneuern. Dann in siedendem Wasser mit Salz und 5 El Essig 20 Minuten ziehen, dann abkühlen lassen. Inzwischen den Radicchio putzen, vierteln und den Strunk herausschneiden. Brunnenkresse von den Stielen zupfen. Beide Salate getrennt waschen, trockenschleudern und kühl aufbewahren. Bries in Röschen zerpflücken, dabei alle Häute und Adern sorgfältig entfernen. Abgedeckt kühl stellen. Aus dem restlichen Essig, Salz, Pfeffer, Öl und 2 El Nußöl eine Vinaigrette rühren und kalt stellen. Petersilienwurzel waschen, schälen und in sehr feine Streifen schneiden. Diese im restlichen Nußöl andünsten, salzen und den Wein zugießen. Zugedeckt 5 Minuten dünsten, dann abkühlen lassen. Briesröschen salzen und dünn mit Mehl bestäuben. Radicchio, Brunnenkresse und Petersilienwurzel nacheinander in der Vinaigrette wenden und jedesmal gut abtropfen lassen. Auf Portionstellern anrichten. Butter aufschäumen lassen, Bries und Walnußkerne darin unter Wenden 3 Minuten sanft braten. Restliche Vinaigrette darüberträufeln. Beides auf dem Salat anrichten und sofort servieren.

Bunter Salat mit Melonenstreifen

▷

1 Kopfsalat
½ Bund Radieschen
1 Salatgurke
2-3 Tomaten
1 gelbe Paprikaschote
¼ Netzmelone
1 hartgekochtes Ei
4 El Olivenöl
3 El Rotweinessig
1 El körniger Senf
schwarzer Pfeffer
Salz

Salat putzen, waschen, trockenschleudern. Radieschen, Salatgurke und Tomaten waschen und in Scheiben schneiden. Paprikaschote halbieren, entkernen und in Streifen schneiden. Die geschälte Melone in Spalten schneiden. Das halbe Eiweiß in kleine Würfel hacken. Den Rest mit der Gabel fein zerdrücken, mit Olivenöl, Essig, Senf und Gewürzen zu einer Marinade verrühren. Das Gemüse und die Melonenspalten auf Portionsteller verteilen, mit Marinade begießen und mit gehacktem Eiweiß bestreuen.

Lollo rosso mit Minzesahne

150 g Zuckererbsen
Salz
Saft und Schale einer unbehandelten Zitrone
100 g kleine Champignons
1 Kopf Lollo rosso
6 Stengel frische Minze
1 Becher Sahnejoghurt
3-4 El Sahne
Zucker
100 g Parmaschinken oder roher ger. Schinken
schwarzer Pfeffer

Zuckererbsen putzen, entfädeln und waschen. In kochendem Salzwasser 5 Minuten blanchieren, eiskalt abschrecken und gut abtropfen lassen. Einige feine Späne von der Zitronenschale abziehen, übrige Schale fein abreiben. Pilze putzen, kurz waschen und in feine Blättchen schneiden. Mit dem Saft einer halben Zitrone beträufeln. Salat putzen, waschen, grob zerteilen. Einige Minzezweige zum Garnieren beiseitelegen, übrige Blätter abzupfen und feinstreifig schneiden. Joghurt mit der abgeriebenen Zitronenschale, etwas Zitronensaft und der steif geschlagenen Sahne cremig rühren. Mit Salz und Zucker würzen, Minze unterziehen. Alle Zutaten mit Dressing und Schinken anrichten, mit Minze und Zitronenspänen garnieren, mit Pfeffer übermahlen und sofort servieren.

Gurken-Apfel-Rohkost

1 Salatgurke
1 Apfel
Saft einer unbehandelten Zitrone
2 El Haselnußöl
Salz
weißer Pfeffer
½ Tl Frutilose
1 Tl Senf
100 ml Sahne
2 El blättrig geschnittene Haselnüsse
(ersatzweise frischer Dill)

Gurke gut waschen, evtl. schälen und in dünne Scheiben schneiden. Apfel mit Schale vierteln, ebenfalls in dünne Scheiben schneiden. Aus Zitronensaft, Nußöl, Salz, Pfeffer, Frutilose und Senf eine Soße herstellen und mit den Gurken- und Apfelscheiben mischen. Sahne leicht »anschlagen« und auf dem Salat verteilen. Mit Nüssen bestreuen.

Blattsalate mit warmem Ziegenkäse

2 große Möhren (210 g)
1 kleiner Kopfsalat (300 g)
½ Kopf Romanasalat (200 g)
1 Handvoll Rucola (30 g)
200 g frischer Ziegenkäse
6 El Olivenöl
2 Schalotten
weißer Pfeffer, Salz
1 Prise Zucker
1 Tl Sardellenpaste
3 El Zitronensaft
einige Kapuzinerkresseblättchen

Möhren putzen, waschen, mit dem Sparschäler längs dünne Streifen abziehen, in kochendem Salzwasser eine Minute garen, sofort kalt abschrecken, abtropfen lassen. Salate putzen, kurz kalt abbrausen, abtropfen lassen, in mundgerechte Stücke zupfen. Käse in große Würfel schneiden, in 2 El heißem Öl braten, bis eine Kruste entsteht. Schalotten abziehen, klein würfeln. Für die Vinaigrette ½ Tl Salz, Pfeffer, Zucker, Sardellenpaste und Zitronensaft verrühren. Das restliche Öl unterschlagen, abschmecken. Blattsalate mit Möhren in der Vinaigrette wenden, mit dem noch warmen Käse auf Tellern anrichten. Kresse in feine Streifen schneiden, darüberstreuen, Marinade darüberträufeln und sofort servieren.

Shii-Take-Salat mit Tofucroûtons

▷

150 g Tofu
⅛ l Sojaöl
2 Knoblauchzehen
200 g Shii-Take-Pilze
1 rote Paprikaschote
200 g Feldsalat
2-3 El Apfel- oder heller Reisessig
2 El Sojasauce
schwarzer Pfeffer

Tofu trockentupfen. In ca. 1 cm große Würfel schneiden. Vom Öl 5-6 El für die Sauce abnehmen. Den Rest in einer tiefen Pfanne erhitzen und halbierte Knoblauchzehen darin leicht bräunen. Die Zehen herausnehmen. Tofuwürfel in dem Öl unter häufigem Wenden goldgelb braten. Mit dem Schaumlöffel herausheben und auf Küchenkrepp abtropfen lassen. Pilze putzen, Stiel herausdrehen. Die Köpfe in dünne Scheiben schneiden und im heißen Knoblauchöl braten. Herausnehmen und ebenfalls abtropfen lassen. Paprikaschote waschen und putzen, in Würfel schneiden. Feldsalat putzen, gründlich waschen, trockenschleudern. Auf vier Teller verteilen, Pilze und Paprikawürfel daraufgeben und mit den Tofucroûtons bestreuen. Essig und Sojasauce verrühren, dann tropfenweise das abgenommene Öl unterrühren. Die Vinaigrette über den Salat träufeln und nach Belieben mit Pfeffer übermahlen und sofort servieren.

Orangensalat mit Fenchel

<u>4-6 Portionen</u>
3 große, saftige unbehandelte Orangen
2 Fenchelknollen (ca. 350 g)
2 kleine Zwiebeln oder
2 Frühlingszwiebeln
3 El Zitronensaft
2 El Rotweinessig
Salz
schwarzer Pfeffer
6 El Olivenöl
2 El Walnußöl

Orangen über einer Schüssel so dick schälen, daß keine weiße Haut mehr am Fruchtfleisch ist. Geschälte Orangen in 1 cm dicke Scheiben schneiden. Saft auffangen. Fenchel putzen, zartes Grün beiseitelegen. Fenchel senkrecht in sehr dünne Scheiben schneiden (oder auf einem Gurkenhobel sehr dünn raffeln). Zwiebeln in dünne Scheiben schneiden und in Ringe auffächern. Aufgefangenen Orangensaft mit Zitronensaft, Essig, Salz und Pfeffer verrühren. Öl mit dem Schneebesen darunterschlagen. Orangen- und Fenchelscheiben dachziegelartig auf eine Platte schichten. Zwiebelringe darauf verteilen. Fenchelgrün grob hacken, darüberstreuen. Sauce darauf verteilen. Salat abgedeckt kühl stellen und 30 Minuten durchziehen lassen.

Roher Spargelsalat

6 Portionen
750 g Spargel
½ Bund Kerbel
3 El Obstessig
Salz
Pfeffer
1 Prise Zucker
6 El Öl

Spargel schälen und in dünne Scheiben schneiden. Kerbel waschen und trocknen, dann hacken. Essig mit Salz, Pfeffer, Zucker, Kerbel und Öl zu einer Salatsauce verrühren. Spargel in die Kerbelvinaigrette geben und darin ca. 30 Minuten durchziehen lassen. Wer es nicht ganz so roh mag, kann den Spargel auch kurz in kochendem Salzwasser blanchieren, abtropfen lassen und dann in die Kerbelvinaigrette geben.

Griechischer Bauernsalat mit Tofu

▷

125 g Tofu
7 El Olivenöl
4 Knoblauchzehen
4-5 El Weinessig
Salz, Senf
je 1 rote, gelbe und grüne Paprikaschote
1 rote Zwiebel
2 Tomaten
½ Dose rote Bohnen oder 50 g gekochte rote Bohnen
10 Oliven
einige Stengel glatte Petersilie
2 El kurz angeröstete Sesamsaat

Tofu in kleine Würfel schneiden und mit 3 El Olivenöl und 2 El Essig beträufeln. Mit 2 zerdrückten Knoblauchzehen und Salz bestreuen, einige Stunden stehen lassen. Paprika halbieren, entkernen und in Streifen schneiden. Tomaten achteln. Bohnen kochen bzw. gut ablaufen lassen. Aus 4 El Olivenöl, 2-3 El Essig, Senf, Salz und den beiden anderen zerdrückten Knoblauchzehen eine Sauce herstellen, mit dem Gemüse vermischen. Den Salat in einer großen Schüssel anrichten. Tofuwürfel, Oliven, geschnittene Petersilie und Sesam darauf verteilen.

Tomaten-Pecannuß-Salat

<u>*6-8 Portionen*</u>
4 El Balsamico (Balsamessig)
Salz
1 Tl Zucker
schwarzer Pfeffer
10 El Olivenöl
je 1 rote und grüne Chilischote
frischer Salbei
80 g Pecannußkerne (oder Walnußkerne)
100 g Schalotten
500 g Tomaten
1 kleiner Kopf Lollo rosso

Für die Vinaigrette den Balsamessig mit Salz, Zucker, Pfeffer, 6 El Wasser und 8 El Olivenöl verrühren. Chilischoten putzen und in feine Streifen schneiden. Einige Salbeiblätter zum Dekorieren beiseitelegen, die anderen in feine Streifen schneiden. Chili- und Salbeistreifen mit dem restlichen Olivenöl in einer Pfanne kurz andünsten, dann unter die Vinaigrette mischen. Pecannußkerne in einer Pfanne ohne Fett rösten. Schalotten pellen und in feine Ringe schneiden. Tomaten waschen, putzen und in 1 cm dicke Scheiben schneiden. Lollo rosso waschen, putzen, trockenschleudern. Eine Schüssel mit den Salbeiblättern auslegen. Tomatenscheiben, Schalottenringe und Pecannüsse darauf anrichten. Mit der Vinaigrette beträufeln und mit den Salbeiblättern dekorieren.

Asiatischer Chinakohlsalat

▷

1 Staude Chinakohl (ca. 500 g)
2 Stangen Staudensellerie
½ Fenchelknolle
1 kleine vollreife Mango
1 Banane
1 rosa Grapefruit

Für das Dressing:
1 El Erdnußcreme
1 El Ahornsirup
1 El frisch geraspelte Ingwerwurzel
1 El frisch geraspelter Meerrettich
Saft von einer Orange und 2 Limetten
1 El Orangenschale
Salz, Pfeffer
6 El Erdnußöl
50 g ungesalzene Erdnüsse
2 El feingeschnittenes Koriandergrün

Chinakohl halbieren, äußere Blätter und harten Keil entfernen und wie das übrige Gemüse in feine Streifen schneiden. Mango, Banane und Grapefruit schälen. Mangofruchtfleisch in Spalten vom Kern lösen, Banane in Scheiben schneiden, Grapefruit filetieren, dabei den Saft auffangen. Früchte mit dem Gemüse locker in einer Schüssel vermischen. Für das Dressing die Erdnußcreme mit Ahornsirup verquirlen, Ingwer, Meerrettich und Orangenschale hinzufügen. Salzen und pfeffern und unter Rühren mit einem Schneebesen die Zitrussäfte und das Öl dazugießen. Die Marinade über die Salatzutaten verteilen und locker vermischen. Erdnüsse in einer Pfanne trocken rösten, grob hacken und mit dem Koriandergrün gleichmäßig über den Salat streuen.

Zuckerschotensalat mit Shrimps

12 Portionen
600 g Shrimps (roh mit Schale)
2 Knoblauchzehen
2 El Öl
500 g Zuckerschoten
500 g kleine Tomaten
10 El Olivenöl
Salz, Pfeffer
3 El gemischte gehackte Kräuter (z.B. Petersilie, Dill, Estragon und Basilikum)
2 El Weinessig
2 El Zitronensaft

Die aufgetauten Shrimps schälen und trockentupfen. Knoblauch schälen, durch die Presse drücken. Öl erhitzen, Knoblauch zufügen, Shrimps in 2 Portionen darin 3-4 Minuten braten. Zuckerschoten waschen, putzen. In mehreren Portionen 2-3 Minuten in kochendem Salzwasser blanchieren, abschrecken, gut abtropfen lassen. Tomaten achteln. Zusammen mit den Zuckerschoten auf Tellern anrichten. Shrimps darauf verteilen. Aus Öl, Essig, Zitronensaft, Salz und Pfeffer eine Marinade aufschlagen, die Kräuter unterheben und über den Salat träufeln. Dann sofort servieren.

Blattsalat mit Champignons und Walnüssen

100 g Feldsalat
100 g Rucola, Salz
200 g Champignons
30 g Walnußkerne
125 ml Traubenkernöl
3 El Sherryessig, Pfeffer

Salat putzen, waschen, gut abtropfen lassen. Champignons mit Küchenpapier abreiben, Stielenden abschneiden, in 2 mm dünne Scheiben schneiden. Die Hälfte der Nüsse grob hacken. Aus Öl, Essig, Salz und Pfeffer eine Marinade aufschlagen. Alles auf vier Tellern anrichten, Marinade darüberträufeln, mit Walnüssen dekorieren.

Radicchio mit Cocktailsauce

3 kleine Köpfe Radicchio
2 Mandarinen oder 1 Apfel

Für die Sauce:
1 Becher Sauerrahm
1 Tl Honig
1 El Tomatenmark
Saft einer Zitrone
Salz
weißer Pfeffer
1 Schuß Cognac
etwas Tabasco

Radicchio gut waschen, Wurzelansatz entfernen, abtropfen lassen. Mandarinen schälen, weiße Innenhaut entfernen und in Würfel schneiden bzw. Apfel klein schneiden. Sauce zubereiten und mit übrigen Zutaten vermengen.

Blumenkohlrohkost

Für die Sauce:
1 Becher Sauerrahm
1 El Haselnußmus
Saft einer Zitrone
½ Tl Honig, Salz
frische geschnittene Ingwerwurzel
2 El Möhrenraspel

1 kleiner Blumenkohl (ca. 400 g)

Blumenkohl gut waschen und grob raspeln. Aus Zitronensaft, Honig, Salz und einigen Ingwerstücken eine Sauce herstellen. Mit dem Blumenkohl vermengen und mit Möhrenraspeln garnieren.

Rote-Bete-Rohkost

Für die Sauce:
Saft einer Zitrone
Salz, Pfeffer
3-4 El Sonnenblumenöl oder Sahne
etwas Honig
1 El geriebener Meerrettich

2 mittelgroße Rote Bete

Rote Bete waschen, schälen und fein raspeln. Aus den übrigen Zutaten und 2 El Wasser eine Sauce bereiten und mit der Rohkost vermengen.

Endiviensalat mit Käse und Tomate

(Bild Seite 50)

1 Kopf Endiviensalat
100 g Gouda oder anderer Schnittkäse
1 rote Paprikaschote
1 Tomate

Für die Sauce:
2 El Weinessig oder Zitronensaft
1 Tl Senf
Salz
weißer Pfeffer
Paprikapulver
3-4 El Nußöl

Endiviensalat waschen, äußere Blätter entfernen. Salat, Käse, Paprika und Tomate in feine Streifen schneiden. Mit der Sauce aus Essig, Salz, Senf, Pfeffer, Öl und Paprikapulver mischen.

Chinakohl mit gekeimtem Weizen

(Bild Seite 50)

1 Staude Chinakohl
100 g gekeimte Weizenkörner

Für die Sauce:
4 El Sojasauce
Saft einer Zitrone
1 Tl Honig
Salz
frischer Ingwer
4 El Sojaöl
2 El geröstete Kokosraspel

Chinakohl gut waschen, klein schneiden. Aus Sojasauce, Zitronensaft, Honig, Salz, Ingwerscheiben und Öl eine Sauce herstellen und mit dem Kohl und den gekeimten Weizensprossen vermischen. Mit gerösteten Kokosraspeln bestreuen.

Fruchtige Salatideen

Friséesalat mit Paprikadressing

(Bild Seite 53)

1 kleiner Friséesalat
4 Sweeties
(ca. 600 g Fruchtfleisch)
½ rote Zwiebel
1 Stück Sweetie-Schale
(ohne weiße Haut)
je ½ rote und gelbe
Paprikaschote
3 El Walnußöl
4 El Rotweinessig
Salz
Zucker
grober schwarzer Pfeffer

Die Sweeties schälen, so daß keine weiße Haut mehr zu sehen ist. Das Fruchtfleisch in Scheiben schneiden, dabei den Saft auffangen. Frisée waschen und in mundgerechte Stücke teilen. Zwiebel in feine Ringe schneiden. Sweetie-Schale in sehr feine Streifen schneiden. Für die Marinade Paprika waschen, putzen und fein würfeln. Öl, Essig, Wasser und Fruchtsaft mischen, mit Salz, Zucker und Pfeffer abschmecken und die Paprikawürfel hinzugeben. Sweetie-Scheiben, Frisée-Blätter und Zwiebelringe auf Tellern anrichten und mit der Marinade beträufeln.

Eisbergsalat süß-sauer

2 El Korinthen
2 El trockener Sherry
4 El Geflügelfond
(aus dem Glas)
1 Entenbrust (ca. 200 g)
2 El Sojasauce
Cayennepfeffer
2 Stangen Staudensellerie
1 dünne Stange Rhabarber
1 Eisbergsalat (300 g)
2 El Butterschmalz
1 El Mango Chutney
2 El Obstessig
Saft einer halben Orange
Zitronenmelisse zum
Garnieren

Korinthen in dem Sherry und Fond ½ Stunde einweichen. Die Haut der Entenbrust rautenförmig einschneiden, mit Sojasauce und Cayennepfeffer würzen, ½ Stunde marinieren. Inzwischen den Sellerie putzen, waschen und in Scheiben schneiden. Rhabarber waschen, putzen, schälen und in schräge Scheiben teilen. Eisbergsalat vierteln, waschen und in 2 cm schmale Streifen schneiden. Schmalz in einer Pfanne erhitzen, Fleisch beidseitig 10-15 Minuten sanft braten. Fleischmarinade aufheben. Korinthen abtropfen lassen (Sherrysud auffangen), mit Salat und Sellerie mischen, anrichten. Fleisch aus der Pfanne nehmen, zugedeckt warm stellen. Bratfett abgießen. Mit der Sherry- und Fleischmarinade den Bratsatz unter Rühren loskochen. Mango Chutney, Essig und Orangensaft einrühren. Die Sauce leicht einkochen. Rhabarber kurz mitköcheln, über den Salat gießen. Fleisch in schräge Scheiben aufschneiden, anrichten. Sofort servieren. Mit Zitronenmelisse garnieren.

Apfelcarpaccio mit Avocadovinaigrette

△

4 Äpfel (600 g)
2 El Balsamessig
1 El Honig
2 El Walnußöl
2 El Apfelsaft
Salz
Pfeffer
1 Kästchen Kresse
1 Avocado
30 g Walnußkerne

Für die Vinaigrette Essig, Honig, Öl, 2 El Wasser und Apfelsaft miteinander verrühren und mit Salz und Pfeffer abschmecken. Avocado halbieren, Stein entfernen, schälen, würfeln und zur Vinaigrette geben. Äpfel waschen, vierteln, entkernen und in Spalten schneiden. Auf den Tellern verteilen, mit der Vinaigrette beträufeln und mit Kresse bestreuen. Walnüsse hacken und darübergeben.

Melonensalat mit Schinken

1 Ogen- oder Galiamelone (ca. 1 kg)
1 Orange
150 g Staudensellerie
150 g Champignons
4 El Zitronensaft
4 El Mayonnaise
1 El milder Senf
Salz, Pfeffer
125 g magerer, roher Schinken in Scheiben

Melone halbieren, Kerne entfernen und mit dem Kartoffelschäler aus dem Fruchtfleisch Kugeln ausstechen. Orange filetieren, Sellerie putzen, waschen, in sehr feine Streifen schneiden. Champignons putzen, waschen und blättrig schneiden. Alle Zutaten vermengen, mit Zitronensaft beträufeln. Die Mayonnaise mit Senf, Salz und Pfeffer würzen, vorsichtig unterheben. Vor dem Servieren die Schinkenscheiben zusammenrollen und den Salat garnieren.

Pikanter Salat mit Bananen

4 Bananen (à 100 g)
4 El Grapefruitsaft
100 g Rinderzunge
50 g Staudensellerie
60 ml Milch, 1 Tl Zucker
150 g Crème fraîche
1 Tl Rosmarin, Salz
grob gestoßener Pfeffer
einige Tropfen Sojasauce

Bananen in dünne Scheiben schneiden, mit Grapefruitsaft beträufeln. Rinderzunge in feine Streifen schneiden, Staudensellerie feinstreifig schneiden. Milch und Crème fraîche mit Gewürzen abschmecken, über den Salat geben.

Feldsalat mit Sharonfrucht

▷

180 g Feldsalat
2 Sharonfrüchte
150 g Matjesfilets
1 rote Zwiebel
7 El Sonnenblumenöl
2 El Weißweinessig
1 Prise Zucker
Salz
weißer Pfeffer

Feldsalat putzen, waschen und trockenschleudern. Sharonfrüchte waschen, längs halbieren und den Blütenkelch herausschneiden. Fruchthälften dann quer in je 7 Scheiben schneiden, 8 Scheiben davon in Stücke schneiden. Zwiebel schälen, halbieren und in dünne Ringe schneiden. Matjesfilets zerteilen. Das Dressing aus Öl, Essig und den Gewürzen zubereiten. Den Feldsalat auf Tellern auf je 5 Sharonfruchtscheiben anrichten. Die Sharonfruchtstücke, Matjesfilets und Zwiebeln auf den Salat geben. Mit dem Dressing beträufeln, und sofort servieren.

Eisbergsalat mit Orangendressing

1 Kopf Eisbergsalat
1 Tasse rote Johannisbeeren
Saft einer Orange
Salz
Cayennepfeffer
1 Prise Zucker
etwas Sherry- oder Apfelessig
2 Eigelb
1 Tasse Olivenöl
Orangenspalten
schwarzer Pfeffer

Orangensaft mit Salz, Pfeffer, Zucker und Essig abschmecken. Eigelb mit dem Handrührgerät dickcremig schlagen, nach und nach das Öl einschlagen und die Saftmischung daruntergeben. Nochmals abschmecken. Den Eisbergsalat in breite Streifen schneiden, mit dem Dressing vermischen. Auf einen Teller geben, mit Johannisbeeren bestreuen. Den Rand mit Orangenspalten garnieren, aus der Mühle pfeffern und sofort servieren.

Eisbergsalat mit Erdbeeren

40 g Mandelstifte
½ Kopf Eisbergsalat
500 g Erdbeeren
2-3 Bund Basilikum
4 El Weißweinessig
Pfeffer
Salz
8 El Öl

Mandeln in einer trockenen Pfanne hellbraun rösten, abkühlen lassen. Eisbergsalat waschen und in feine Streifen schneiden. Erdbeeren waschen, putzen und in Scheiben schneiden. Basilikum waschen und in feine Streifen schneiden. Essig mit Pfeffer, Salz und Öl verrühren. Basilikumstreifen untermischen. Eisbergsalat mit ⅔ der Salatsauce mischen und auf eine Platte geben. Erdbeeren darüber verteilen und mit der restlichen Salatsauce beträufeln. Mit den Mandelstiften bestreuen.

Reissalat mit Hähnchenbrust ▷

½ Pckg. gemischter Langkorn- und wilder Reis
2 Hähnchenbrüste (ca. 400 g)
weißer Pfeffer
20 g Butter
6 Orangen
1 großer Apfel
½ Kopf Romanasalat

Für die Marinade:
5 El Weißweinessig
4 El Honig
4 El Sonnenblumenöl
2 El Haselnußblättchen

Reis ca. 20 Minuten in leicht gesalzenem Wasser garen, abgießen und auskühlen lassen. Hähnchenbrüste waschen und trockentupfen. Mit weißem Pfeffer würzen. Fett in einer Pfanne erhitzen und die Hähnchenbrüste darin von beiden Seiten insgesamt 5-8 Minuten goldbraun braten. Mit Salz würzen und aus der Pfanne nehmen. Abkühlen lassen. Von den Orangen die Schale und weiße Haut dick abschälen. Mit einem scharfen Messer die Orangenfilets zwischen den Trennhäuten herauslösen, dabei den Saft auffangen. Den Restsaft aus den übriggebliebenen Trennhäuten herausdrücken. Apfel waschen, vierteln und in dünne Spalten schneiden. Für die Marinade Essig mit 3 El Orangensaft, Honig und einer Prise Salz verrühren. Zum Schluß das Öl unterschlagen. Reis, Orangenfilets, Apfelspalten, Hähnchenfleisch und Haselnußblättchen in eine Schüssel geben. Mit der Marinade übergießen und ca. 20 Minuten abgedeckt durchziehen lassen. Eine Schüssel mit Salatblättern auslegen und den Orangen-Reissalat darin dekorativ anrichten.

Champignonsalat mit Orangen ▷

3-4 Orangen
2 kleine rote Zwiebeln
400 g rosa Champignons
Saft einer halben Zitrone
Salz
weißer Pfeffer

Für die Avocadosauce:
1 Orange
1 reife Avocado
Salz
weißer Pfeffer
½ Tl Zucker
1-2 Tl Zitronensaft
½ Kästchen Kresse

Von den Orangen die Schale und weiße Haut dick abschälen. Orangen erst in Scheiben, dann in mundgerechte Ecken schneiden. Zwiebeln in feine Ringe schneiden. Champignons gut abreiben und vorsichtig in kaltem Wasser waschen, gut abtrop-

fen lassen. In dünne Scheiben schneiden (2 Champignons für die Garnitur zurückbehalten). Danach sofort mit Zitronensaft beträufeln. Orange halbieren und den Saft auspressen. Avocado halbieren, den Kern herauslösen und das Fruchtfleisch aus der Schale lösen. Grob zerschneiden. Mit dem Mixer die Avocado unter Zugabe von Orangensaft fein pürieren. Avocadosauce mit Salz, Pfeffer, Zucker und Zitronensaft abschmecken. Orangen, Champignons und Zwiebeln in einer Salatschüssel anrichten und leicht mit Salz und Pfeffer würzen. Kleine Kressesträußchen schneiden und den Salat damit garnieren. Avocadosauce in einer Sauciere anrichten und mit Champignons und Kresse garnieren. Die Sauce separat dazu reichen.

Bananen-Tomaten-Salat

5 Bananen
400 g Tomaten
1 Blattsalat (z.B. Lollo rosso, Kopfsalat)
50 g Pinienkerne
1 Scheibe Pumpernickel
Pfeffer
Petersilie oder Salbei
2 El milder Weißweinessig
Salz, Pfeffer
1 Tl Sesamöl
4 El Olivenöl

Vom Salat die äußeren Blätter entfernen, ansonsten ganz lassen und waschen, dann die Herzblätter herausnehmen. Bananen in Scheiben schneiden, Tomaten achteln. Pinienkerne in einer Pfanne ohne Fest rösten, Pumpernickel zerbröseln, ebenfalls rösten. Alle Zutaten für das Dressing verrühren und mit den übrigen Zutaten, einschließlich den Herzblättern, vermischen. Mit kleingehackter Petersilie oder Salbei in den Salatkopf füllen.

Banane im Weinblatt

1 Pckg. Weinblätter in Salzlake
100 g Reis, Salz
¼ l (Instant-)Fleischbrühe
4 kleine Bananen
50 g Preiselbeeren
¼ Tl Zitronenschalenpulver
Pfeffer, Sojasauce
8 El Öl zum Braten

Weinblätter in kaltem Wasser ca. 10 Minuten wässern, abspülen und leicht trockentupfen. Reis mit Fleischbrühe körnig garen. Bananen der Länge nach vierteln und in kleine Würfel schneiden. Mit Reis und Preiselbeeren vermengen, mit Gewürzen pikant abschmecken. Teelöffelweise auf die Weinblätter setzen, zusammenrollen und mit einem kleinen Holzstäbchen feststecken. In erhitztem Öl von allen Seiten braten, auf einen Teller legen, mit Bananenscheiben und Preiselbeeren garnieren, warm servieren.

Pikanter Orangensalat

▷

4-6 Portionen
5 Orangen
2 große grüne Paprikaschoten
200 g gekochter Schinken
1 Zwiebel
1 kleine Dose Maiskörner
1 Becher Sauerrahm
2 El Crème fraîche
je 1 Prise Salz, Zucker und Paprikapulver

4 Orangen schälen. Paprikaschoten waschen, entkernen. Orangen filetieren und in mundgerechte Stücke zerteilen, Paprika und Schinken in Streifen schneiden. Zwiebel fein hacken. Mais abtropfen lassen. Alle Zutaten in eine Schüssel geben. Für die Sauce 1 Orange auspressen, mit Sauerrahm und Crème fraîche mischen. Mit Salz, Zucker, Paprikapulver und Orangensaft nach Geschmack abschmecken. Sollte die Sauce etwas zu dünn sein, mit etwas Magerquark binden.

Chicoréesalat mit Erdbeeren und Zitronenmelisse

4-6 Portionen
50 g Pinienkerne
500 g Erdbeeren
6 El Zitronensaft
3 Tl Zucker
500 g Chicorée
1 Tl grüner Pfeffer
1 Topf Zitronenmelisse
2 Becher Joghurt

Pinienkerne in einer Pfanne ohne Fett unter Wenden goldbraun rösten. Erdbeeren waschen, halbieren und mit 2 El Zitronensaft und 1 Tl Zucker marinieren. Chicorée putzen, den bitteren Kern herausschneiden. Quer in Ringe schneiden (einige Blattspitzen zum Garnieren beiseitelegen), mit 3 El Zitronensaft beträufeln. Pfefferkörner fein hacken. Zitronenmelisse von den Stielen zupfen (etwas zum Garnieren beiseitelegen), fein hacken. Joghurt mit restlichem Zitronensaft und Zucker verrühren, Pfeffer und Zitronenmelisse unterheben. Chicorée in einer Schüssel anrichten, Erdbeeren darauf verteilen, mit der Sauce begießen, Pinienkerne darüberstreuen, mit Chicorée und Zitronenmelisse nach Belieben garnieren.

Balkansalat mit Banane

▷

1 Portion
½ Banane
je 40 g rote, gelbe und grüne Paprikaschote
2 Tl frische gehackte Kräuter (Basilikum, Thymian, Schnittlauch, Petersilie, Estragon)
1 El Rotweinessig
2 El Hüttenkäse

Banane in Scheiben schneiden, im Rotweinessig marinieren. Paprikaschoten in sehr feine Streifen schneiden, mit den Kräutern zu den Bananenscheiben geben. Alles vorsichtig mischen. Den Balkansalat auf einen Teller geben. Den Hüttenkäse in die Mitte füllen.

Mango-Forellen-Salat

8-10 Portionen
3 El Zitronensaft
1 großer Apfel
1 Salatgurke
1 kleine Mango (450 g)
½ Bund Frühlingszwiebeln
100 g Champignons
250 g geräucherte Forellenfilets
½ Bund Dill
125 g Crème fraîche
2-3 Tl mittelscharfer Senf
Salz
Pfeffer
Zucker

2 El Zitronensaft in eine Schüssel geben. Apfel waschen, vierteln, längs halbieren, in dünne Scheiben schneiden und im Zitronensaft wenden. Gurke schälen, längs halbieren und mit einem Teelöffel entkernen. Gurkenhälften nochmals längs halbieren und in dünne Scheiben schneiden. Zu den Apfelscheiben geben. Mango schälen, vom Stein schneiden und würfeln. Zu Gurke und Apfel geben. Frühlingszwiebeln putzen, waschen und schräg in dünne Scheiben schneiden. Champignons putzen, waschen und in dünne Scheiben schneiden. Mit in die Schüssel geben. Forellenfilets häuten und mit der Gabel zerpflücken. Die Zutaten vorsichtig miteinander mischen. Dill hacken. Crème fraîche mit Dill, restlichem Zitronensaft und Senf verrühren. Mit Salz, Pfeffer und Zucker würzen. Salat und Sauce getrennt kalt stellen. Kurz vor dem Servieren die Sauce über den Salat geben und vorsichtig durchmischen.

Apfel-Sellerie-Salat

3 Äpfel, 2 Bananen
3 kleine Stangen Staudensellerie
2 Frühlingszwiebeln
150 g Frühstücksschinken
1 El Zitronensaft
1 Tl Zitronenschale
2 El Apfelessig, Salz
4 El Pflanzenöl, Pfeffer
50 g gehackte Haselnüsse
½ Bund Schnittlauch
½ Bund Petersilie

Schinkenwürfel knusprig braten, abtropfen lassen. Äpfel waschen, halbieren, in Stücke schneiden. Bananen in Scheiben, Staudensellerie in Stücke, Frühlingszwiebel in Ringe schneiden, mit Zitronensaft und -schale vermischen. Feingehackte Kräuter und Schinkenwürfel dazugeben. Dressing zubereiten und über den Salat geben, mit Haselnüssen bestreuen.

Sommersalat mit Mozzarella

2-3 Orangen
je 1 grüne, rote und gelbe Paprikaschote
2 Zwiebeln
1 große Fleischtomate
150 g Mozzarella-Käse
1 Becher Joghurt
2 El Öl
1 Prise Zucker
Salz, Pfeffer

Orangen schälen, weiße Haut entfernen. In mundgerechte Stücke schneiden. Paprikaschoten, Zwiebeln und Tomate waschen, putzen und in Würfel schneiden. Mozzarella ebenfalls in Würfel schneiden. Alle Zutaten in eine Schüssel geben. Aus Joghurt, Öl und den Gewürzen eine Marinade bereiten, kräftig abschmecken und über die Zutaten geben. Kühl stellen und gut durchziehen lassen.

Erdbeer-Avocado-Salat

▷

1 Avocado
2 Orangen
1 Kiwi
150 g frische Datteln
100 g Erdbeeren
1 Banane
50 g Sultaninen
1 Becher Joghurt
½ Pckg. Vanillinzucker
1 ½ El Zucker
1-2 El Zitronensaft

Avocado längs halbieren, den Stein entfernen, Hälften schälen, quer in Scheiben schneiden. Von den Orangen die Schale und weiße Haut dick abschälen. Mit einem scharfen Messer die Orangenfilets zwischen den Trennhäuten herauslösen, dabei den Saft auffangen. Kiwi schälen, längs halbieren, in Scheiben schneiden. Datteln längs halbieren, Kern entfernen, die Hälften noch einmal längs durchschneiden, nach Bedarf die etwas harte Haut abziehen. Erdbeeren waschen, entkelchen, je nach Größe ein oder mehrere Male durchschneiden. Banane längs halbieren, in Scheiben schneiden. Sultaninen dazugeben. Joghurt mit Vanillinzucker, Zucker und Zitronensaft verquirlen, unterheben und sofort servieren.

Kressesalat mit Chicorée und Mango

2 frische rote Pfefferschoten (ca. 10 g)
30 g Korinthen
150 ml Weißwein
60 ml Orangensaft
½ El Speisestärke
3 El Zitronensaft
Salz
Zucker
2 Chicorée
1 Mango (600 g)
1 Handvoll Kapuzinerkresse (Blätter und Blüten)
1 Kästchen Kresse

Für die Sauce die Pfefferschoten längs halbieren, entkernen und quer in sehr feine Streifen schneiden. Korinthen waschen. Weißwein, Orangensaft, Pfefferschoten und Korinthen ohne Deckel 5 Minuten leise kochen. Speisestärke im Zitronensaft auflösen, zugießen und ca. 5 Minuten aufkochen, bis die Flüssigkeit klar und leicht gebunden ist. Mit je 1 Prise Salz und Zucker würzen und abkühlen lassen. Chicorée putzen, die Blätter lösen und kreisförmig auf einer großen Platte anrichten. Mango schälen. Fruchtfleisch in dünnen Spalten vom Stein schneiden. Die Spalten auf der Platte dekorativ anrichten. Die Sauce löffelweise über Chicorée und Mango gleichmäßig verteilen. Die Stiele von Kapuzinerkresseblättern und -blüten abknipsen. Die Kresse vom Beet schneiden. Die Salatplatte mit Kresse und Kapuzinerkresse garnieren und servieren.

Apfel-Sauerkraut-Salat

▷

2 große Äpfel (400 g)
350 g Sauerkraut
200 g gekochter Schinken

Für die Marinade:
200 g Crème fraîche
1 El gehackte Petersilie
Salz
Zucker
weißer Pfeffer
2 El fein gehackte Haselnußkerne

Abgetropftes Sauerkraut grob zerschneiden und in eine Schüssel geben. Äpfel waschen, vierteln und in Stifte schneiden. Sofort unter das Sauerkraut mischen. Den Schinken in kurze Streifen schneiden und unterheben. Crème fraîche mit Petersilie und den Haselnüssen verrühren, mit Salz, Zucker und Pfeffer abschmecken, unter die Salatzutaten mischen, 30 Minuten durchziehen lassen und dann servieren.

Birnensalat mit Gorgonzolasauce

4-6 Portionen
100 g Haselnußkerne
180 g Gorgonzola (nicht zu reif)
150 ml Sahnejoghurt
1 El Zitronensaft
Salz
weißer Pfeffer
½ Tl brauner Zucker
1 Kopf Romanasalat (500 g)
1 Staudensellerie (500 g)
500 g Williams-Christ-Birnen

Die Haselnußkerne im Ofen bei 175 Grad 8-10 Minuten rösten. Dann in einem Drahtsieb kalt werden lassen und die dunklen Häutchen abreiben. Die Nüsse in einen Gefrierbeutel geben und mit dem Rollholz grob zerdrücken. Die Gorgonzolarinde abschneiden. 40-50 g Käse zur Seite stellen. Den Rest durch ein feinmaschiges Sieb streichen und in einer Schüssel mit dem Joghurt glattrühren. Gorgonzolasauce mit Zitronensaft, 1 Prise Salz, Pfeffer und Zucker herzhaft abschmecken. Den Romanasalat in einzelne Blätter zerteilen, waschen und gut abtropfen lassen. Staudensellerie putzen, die einzelnen Stangen in dünne Scheiben schneiden. Ein paar grüne Sellerieblätter für die Garnitur aufheben. Birnen schälen, vierteln, quer in dünne Scheiben schneiden und mit Sellerie, drei Viertel der Haselnußkerne und der Gorgonzolasauce mischen. Beim Anrichten jeweils 2 Salatblätter zu kleinen Schiffchen zusammenstecken und auf eine Platte legen. Mit dem Birnensalat füllen. Den Salat vor dem Servieren mit restlichem Gorgonzola, Haselnußkernen und Sellerieblättchen garnieren.

Pikanter Bananen-Erdbeer-Salat

1 Kopfsalat
4 Bananen
3 El Zitronensaft
150 g frische Erdbeeren
1 El Zitronenessig
9 g grüner Pfeffer
schwarzer Pfeffer, Salz
4 El Öl, ¼ Tl Zucker
40 g gehackte Nüsse

Kopfsalat auseinanderpflücken, waschen, 8 große Salatblätter zurückbehalten, die anderen in mundgerechte Stücke zerteilen. Bananen der Länge nach halbieren, vierteln und in ca. 1 cm dicke Stücke schneiden, mit 1 El Zitronensaft beträufeln und vorsichtig vermischen.

Erdbeeren waschen, in dünne Scheiben schneiden, mit Zitronenessig beträufeln und ebenfalls vorsichtig vermischen. Die Sauce aus restlichem Zitronensaft und den angegebenen Zutaten bereiten. Wie auf dem Bild anrichten, mit gehackten Nüssen bestreuen.

Frühlingscocktail mit Grapefruitfilets

2 Grapefruits
1 grüne Paprikaschote
200 g gekochter Schinken
400 g frischer Spargel
etwas Dill

Für die Cocktailsauce:
50 g geschlagene Sahne
100 g Mayonnaise
50 g Chilisauce
10 g Meerrettich
2 cl Cognac, Salz
2 cl Orangensaft, Pfeffer

Zutaten für die Cocktailsauce gut mischen. Grapefruits halbieren, aushöhlen und filetieren. Paprikaschote und gekochten Schinken in Streifen und gedünsteten Spargel in Stücke schneiden. Etwas Sauce in die Schale füllen. Darauf Grapefruitfilets, Paprika, Spargel und Schinken anrichten. Mit Dill garnieren.

Apfel-Rettich-Salat

▷

2 Äpfel (400 g)
1 weißer Rettich
1 El Zitronensaft

Für die Marinade:
⅛ l Sahne
1 Tl Senf
2 Tl geriebener Meerrettich
50 g grob gehackte Walnußkerne
Zitronensaft
Salz
weißer Pfeffer

Äpfel waschen, vierteln, quer in Scheiben schneiden. Sofort mit dem Zitronensaft beträufeln. Rettich schälen und in dünne Scheiben schneiden. Für die Marinade die Zutaten miteinander verrühren, Apfel- und Rettichscheiben unterheben, 10 Minuten durchziehen lassen.

Thailändischer Reissalat

8 Portionen
750 g Hähnchenbrustfilets
10 g frischer Ingwer
3 El Sojasauce
Saft von drei Limetten
250 g Reis
125 g Möhren
200 g Frühlingszwiebeln
1 große Dose Ananas
75 g gesalzene, geröstete Erdnüsse
3 Eier
5 El Milch
5 El Erdnußöl
Salz
Pfeffer

Geflügel unter kaltem Wasser abbrausen, trockentupfen und in dünne Streifen schneiden. Ingwer schälen, sehr fein hacken. Geflügel mit Ingwer, Sojasauce und dem Saft einer Limette mindestens 4 Stunden marinieren. Portionsweise 3-4 Minuten braten. Den Reis garen. Möhren schälen, in streichholzgroße Stifte schneiden. In Salzwasser 2 Minuten kochen, abgießen, eiskalt abschrecken, gut abtropfen lassen. Frühlingszwiebeln putzen, in dünne Ringe schneiden. Ananas abgießen, 10 El Saft zurückbehalten, Scheiben achteln. Erdnüsse grob hacken. Eier mit Milch verrühren. In einer Pfanne stocken lassen. Herausnehmen, klein hacken. Aus Ananassaft, Öl, Saft von zwei Limetten, Salz und Pfeffer eine Marinade rühren. Alle Zutaten mischen.

Lauch-Apfel-Rohkost

▷

3 Stangen Lauch
2 rote Äpfel
2 El gehackte Haselnüsse

Für die Sauce:
Saft einer Zitrone
Salz
⅓ Tl Honig
3-4 El Walnußöl

Lauch gut waschen, putzen, dann in ca. 1 cm breite Ringe oder feine Streifen schneiden. Äpfel waschen, achteln und blättrig schneiden. Aus den angegebenen Zutaten eine Sauce bereiten. Lauch und Äpfel mit der Sauce vermischen.

Indonesischer Gurken-Ananas-Salat

½ Salatgurke (ca. 300 g)
½ Ananas (ca. 800 g)
2 El Weißweinessig
Salz
1-2 Tl Sambal oelek
4 El Öl
40 g geröstete Erdnüsse

Gurke schälen, längs halbieren, Kerne herauskratzen, in dicke Scheiben schneiden. Ananashälfte vierteln, schälen, den Strunk herausschneiden, die Viertel in Scheiben schneiden, dabei den Saft auffangen. Saft mit Essig, Salz, Sambal und Öl verrühren, mit Gurke und Ananas mischen. Nüsse hacken und darüberstreuen.

Friséesalat mit Entenbrust

1 kleiner Kopf Friséesalat
1 Chicorée (150 g)
2 Orangen
1 Tl Honig
2 El Zitronensaft
Pfeffer
Salz
4 El Oliven- oder Walnußöl
1 El geröstete Pinienkerne
1 frische Entenbrust (ca. 250 g)

Frisée und Chicorée waschen, trockentupfen. Frisée auseinanderzupfen. Chicoréewurzel entfernen, quer in feine Ringe schneiden. Orangen schälen, weiße Haut mitentfernen. Die Filets herausschneiden, dabei den Saft auffangen. Orangen mit Salat mischen. Entenbrust bei mittlerer Hitze in der Pfanne 8-10 Minuten rosa braten. In Alufolie 5 Minuten nachziehen lassen. Für die Salatsauce Orangensaft mit Honig, Zitronensaft, Pfeffer und Salz verrühren, dann nach und nach das Öl einarbeiten. Über den Salat gießen, mischen. Entenbrustscheiben auf Tellern anrichten, mit Salat umlegen, mit Pinienkernen bestreuen und sofort servieren.

Käsesalat mit Melone und Trauben

▷

1 kleine Melone (z.B. Ogen)
250 g dunkle Weintrauben
1 Apfel
1 rote Paprikaschote
200 g Emmentaler

Für die Sauce:
1 Becher Sauerrahm
1 El Sonnenblumenöl
2 El Zitronensaft
zerstoßener Koriander
Salz
½ Tl Honig
Schnittlauch

Melone halbieren, Kerne entfernen, mit einem Kugelausstecher Kugeln herauslösen. Trauben waschen, halbieren und entkernen. Apfel achteln und in dünne Scheiben schneiden. Paprika halbieren, entkernen und ebenfalls kleinschneiden. Käse würfeln oder stifteln. Für die Sauce Sauerrahm mit Öl, Zitronensaft, zerstoßenem Koriander, Salz und Honig verrühren, kräftig abschmecken. Die Salatzutaten auf Tellern verteilen und mit der Sauce übergießen oder die Sauce extra dazu servieren. Mit Schnittlauch garnieren und sofort servieren.

Mango-Fenchel-Salat

4 Fenchelknollen mit Grün (ca. 800 g)
1 kleine Mango
2 El Rosinen
100 g Eichblattsalat
5 El (Sherry-)Essig
1 Prise Zucker
Salz
Pfeffer
1 Schalotte
6 El (Oliven-)Öl

Fenchel putzen, Grün beiseitelegen. Längs in dünne Scheiben schneiden, diese halbieren. Mango schälen und würfeln. Rosinen abbrausen, Salat putzen, waschen und zerzupfen. Essig mit Zucker, Salz, Pfeffer, gehackter Schalotte und Öl verrühren. Fenchel mit Salat, Mango, Rosinen und Marinade mischen, auf vier Teller verteilt servieren.

Wirsing-Orangen-Frischkost

1 kleiner Wirsingkohl
1 Orange

Für die Sauce:
100 ml Sahne
Saft einer halben Zitrone
1 Tl Honig
1 El Haselnußmus
2 El grob gehackte Haselnüsse
etwas Nelkenpulver

Wirsing putzen, gut waschen und in feine Streifen schneiden. Orange schälen, weiße Haut entfernen und in kleine Stücke schneiden. Sahne leicht anschlagen. Mit Zitronensaft, Honig, Nußmus und Nelkenpulver abschmecken. Mit den Frischkost-Zutaten vermischen, mit gehackten Nüssen bestreuen.

Käse-Apfel-Salat

▷

2 El Rotweinessig
1 Tl Senf
2 El Walnußöl
2 El Sonnenblumenöl
Salz
Pfeffer
200 g Emmentaler
1 kleiner Apfel
1 Stück Lauch
2 El Walnüsse
1 Bund Schnittlauch

Aus Essig, Senf, Öl, Salz und Pfeffer eine Salatsauce herstellen. Käse und Apfel in feine Würfel oder Stifte, den Lauch in feine Streifen schneiden. Walnüsse halbieren oder grob hacken. Alle Zutaten miteinander vermengen und mit Schnittlauchröllchen bestreuen.

Eichblattsalat mit Kalbsleber

200 g Kalbsleber
150 g Erdbeeren
schwarzer Pfeffer
2 El Zitronensaft
1 Eichblattsalat
1 Handvoll Brunnenkresse
2 Scheiben Stangenweißbrot vom Vortag
1 El Öl
1 El Butterschmalz
2 Schalotten
Salz
2 El Himbeeressig
75 ml Rotwein
1 El Crème double
3 Estragonzweige
evtl. Kerbel zum Garnieren

Leber in breite Streifen schneiden. Erdbeeren waschen, grob zerteilen, pfeffern. Mit Zitronensaft überträufeln, ziehen lassen. Salat und Kresse verlesen, waschen, zerpflücken und mischen. Anrichten. Brot kleinwürfeln, in heißem Öl in einer Pfanne goldbraun rösten. Das Schmalz mäßig stark erhitzen, die Leber beidseitig 2 Minuten braten. Schalotten abziehen, sehr fein hacken. Leber aus der Pfanne nehmen, salzen und pfeffern, zugedeckt warm stellen. Die Schalotten im heißen Bratfett glasig dünsten. Essig und Wein angießen, den Bratensatz unter Rühren loskochen. Crème double einrühren, kurz ziehen lassen. Estragonblättchen von den Stengeln zupfen, mit der Leber in die Sauce geben. Leber und Sauce auf dem vorbereiteten Salat anrichten. Brot und Erdbeeren aufstreuen. Mit Kerbel garnieren.

Lollo Rosso mit Orangensahne

▷

1 Kopf Lollo Rosso
1 unbehandelte Orange
Saft einer unbehandelten Zitrone
Salz
schwarzer Pfeffer
125 ml Sahne
1 Tl Honig
Orangenraspeln

Lollo Rosso waschen, zerpflücken und gut abtropfen lassen. Von den Orangen die Schale und weiße Haut dick abschälen. Das Fruchtfleisch in kleine Scheiben schneiden. Orangenschale fein raspeln. Lollo Rosso und die Orangenstücke auf vier Tellern anrichten, mit Zitronensaft beträufeln und mit Salz und Pfeffer bestreuen. Sahne mit Honig leicht anschlagen. Mit den Orangenraspeln vermischen. Orangensahne auf dem Salat gleichmäßig verteilen und sofort servieren.

Melonensalat auf Rinderfilet

1 Cantaloupe- oder Charentais-Melone
250 g Rinderfilet
⅛ l Zitronensaft
¼ l Olivenöl
2 El frischgeriebene Ingwerwurzel
1 Prise frischgemahlener schwarzer Pfeffer, Salz
einige Kopfsalatblätter

Das Rinderfilet ca. 2 Stunden tiefkühlen. Das Fleisch der Melone in grobe Würfel oder Scheiben schneiden und mit der Hälfte des Zitronensaftes beträufeln. Restlichen Zitronensaft mit 1 Prise Salz verrühren, bis das Salz gelöst ist. Olivenöl nach und nach darunterschlagen. Rindfleisch in hauchdünne Scheiben schneiden und auf einem Teller anrichten. Melonenstücke darauf verteilen und alles mit dem Dressing beträufeln. Mit Pfeffer und Ingwer bestreuen. Mit Salat garnieren.

Bohnensalat mit Birnen

350 g feine grüne Bohnen
Salz
4 El Birnendicksaft
3 El Weißweinessig
Pfeffer
2 El Traubenkernöl
3 Birnen
100 g fetter Speck

Bohnen putzen, in Salzwasser ca. 8 Minuten garen, abschrecken und abtropfen lassen. Aus Birnendicksaft, Essig, Pfeffer, Salz und Traubenkernöl eine Marinade herstellen. Eine Birne schälen, würfeln und in die Marinade geben, durchziehen lassen. Bohnen halbieren, zugeben und durchziehen lassen. Speck würfeln und knusprig ausbraten. Restliche Birnen waschen, schälen, in Spalten schneiden und dazu servieren. Mit Speck bestreuen und sofort servieren.

Tofu-Trauben-Salat

▷

250 g Tofu
3 El Weißweinessig
1 Tl Honig
1 Tl Senf
Salz
Hefestreuwürze
4 El Haselnußöl
2 Schalotten mit Grün
1 rote Paprikaschote
200 g Weintrauben
2 El grob gehackte Haselnüsse

Tofu in Würfel schneiden. Essig, 4 El Wasser, Gewürze, Senf und Honig miteinander verrühren. Das Öl tropfenweise zugeben. Tofu damit beträufeln und 2 Stunden zugedeckt ziehen lassen. Schalotten in feine Ringe, Paprika in feine Streifen schneiden. Weintrauben gut waschen, halbieren und entkernen. Alle Zutaten miteinander vermischen und mit den Nüssen bestreuen.

Eichblattsalat mit Putenbrust

300 g Putenbrustfilet
1 El Butterschmalz
Salz
Pfeffer
1 Kopf Eichblattsalat (230 g)
1 Handvoll Brunnenkresse
100 g Himbeeren
2 Pfirsiche
1-2 El Zitronensaft
1 El Himbeeressig
2 El Sesamöl
1 unbehandelte Orange
100 g Frischkäse
100 g Sauerrahm
Muskat

Fleisch im Fett von beiden Seiten 3 Minuten knusprig braten, salzen, pfeffern. Salat putzen, Brunnenkresse verlesen, abbrausen, gut abtropfen lassen. Himbeeren verlesen, Pfirsiche waschen, entsteinen, in dünne Spalten schneiden, mit Zitronensaft beträufeln. Aus Essig, Salz, Pfeffer und Öl eine Marinade rühren, die Blattsalate darin wenden. Orange waschen, 1 Tl von der Schale abreiben, auspressen. Für das Dressing Frischkäse mit Sauerrahm, Orangensaft sowie -schale glattrühren, mit Salz, Pfeffer und Muskat abschmecken. Fleisch in Scheiben mit Salat, Früchten und Dressing auf Tellern anrichten.

Fenchel-Orangen-Rohkost

▷

2 Orangen
2 Fenchelknollen
1 Möhre
Saft einer halben Zitrone
Salz
Pfeffer
½ Tl Honig
4 El Walnußöl
2 El gehackte Walnüsse

Orangen schälen, weiße Haut mit entfernen, halbieren und in dünne Scheiben schneiden. Von der Fenchelknolle die äußeren harten Blätter entfernen. Fenchelgrün zum Garnieren aufbewahren. Die Fenchelknolle halbieren, den harten Strunk entfernen, die Hälften in dünne Scheiben schneiden. Möhren schälen und in sehr feine Stifte schneiden. Alles auf vier Tellern verteilen. Zitronensaft, Salz, Pfeffer, Honig und Walnußöl miteinander verquirlen und über die Orangen- und Fenchelscheiben träufeln. Mit Fenchelgrün garnieren und mit gehackten Walnüssen bestreut servieren.

Aprikosen-Reis-Salat

300 g Reis
¾ l kräftige (Instant-)Brühe
2 El geriebener Meerrettich
500 g Aprikosen
4 Frühlingszwiebeln
250 g Kasseler-Aufschnitt
1 Becher Sahne
2 El Obstessig
2 Tl Honig
Salz
weißer Pfeffer
Cayennepfeffer

Brühe zum Kochen bringen, Reis in die kochende Brühe einstreuen, 1 El Meerrettich unterrühren und ca. 20 Minuten ausquellen lassen, dann abkühlen lassen. Inzwischen die Aprikosen überbrühen, abschrecken und enthäuten. Achteln, Steine entfernen. Frühlingszwiebeln putzen und waschen, in feine Ringe schneiden. Kasseler in Streifen teilen. Für das Dressing Sahne schaumig schlagen, mit Essig, Honig und Gewürzen abschmecken. Vier Aprikosenachtel fein pürieren und mit 1 El Meerrettich unter die Sauce mischen. Reis bis auf die Aprikosen mit den Salatzutaten und dem Dressing vermengen, einige Stunden ziehen lassen. Vor dem Servieren noch mal abschmecken und die Aprikosen unterheben.

Bunte Salatplatte mit Lachs und Melone

1 Friséesalat
1 Radicchio
150 g Rucola
1 vollreife Ogenmelone
(ersatzweise ½ Honigmelone)
200 g geräucherter Lachs in dünnen Scheiben
1 kleines Döschen roter Kaviar (50 g)
4 El Himbeer- oder Weißweinessig
4 El (Maiskeim-)Öl
Salz
weißer Pfeffer
1 Tl Honig
2 Tl eingelegter grüner Pfeffer

Friséesalat, Radicchio und Rucola waschen, gut abschütteln. Vom Frisée die äußeren Blätter und den Strunk abschneiden. Radicchioblätter vom Strunk lösen und in feine Streifen schneiden. Die Stielenden der Rucolablätter abschneiden. Melone halbieren, Kerne mit einem Eßlöffel herauskratzen und die harte Schale abschneiden. In sehr dünne Spalten schneiden. Salatblätter und Melonenspalten dekorativ auf einer großen Salatplatte verteilen. Den Lachs in mundgerechte Stücke schneiden und mit dem Kaviar auf dem Salat anrichten. Aus Essig und Öl eine Marinade rühren, mit Salz, Pfeffer und Honig pikant abschmecken. Grünen Pfeffer abtropfen lassen, Körner leicht zerdrücken und in die Marinade geben. Dann die Marinade sparsam über den Salat träufeln.

Exotischer Salat mit Sternfrucht

▷

1 reife Mango
1 Papaya
1 kleine Ananas
1 Friséesalat
1 Radicchiosalat
2 rote Zwiebeln
150 g Coppawurst
1 Sternfrucht zum Garnieren

Für die Marinade:
1 Bund feingehackter Kerbel
4 El Essig
3 El Sherry
5 El Olivenöl
Salz
Pfeffer

Mango mit dem Sparschäler schälen. Fruchtfleisch vom Kern schneiden. Papaya halbieren, Fruchtfleisch herauslösen. Ananas schälen, Strunk ausschneiden und in Stücke schneiden. Radicchio- und Friséesalat waschen, trockentupfen und in kleine Stücke zupfen. Zwiebeln schälen und in Ringe schneiden. Coppawurst in feinen Scheiben mit allen Zutaten zusammengeben. Die Zutaten für die Marinade verquirlen. Über den Salat gießen und vorsichtig vermischen. Nochmals mit Salz und Pfeffer abschmecken. Die Salatteller mit Sternfruchtscheiben garnieren und sofort servieren.

Apfel-Kartoffel-Salat

1 kg festkochende Kartoffeln
Salz
1 Glas kleine Gewürzgurken
2 säuerliche Äpfel
1 Bund glatte Petersilie
4 Zwiebeln
5 El Öl
⅛ l Weißweinessig
1 Glas Gemüsefond
Pfeffer
Zucker

Kartoffeln mit der Schale in Salzwasser gar kochen. In der Zwischenzeit Gewürzgurken fein hacken. Äpfel schälen, vierteln und das Kerngehäuse entfernen. Die Viertel nochmals längs halbieren und in 2-3 mm dünne Scheiben schneiden. Äpfel und Gurken mischen, Petersilie fein hacken. Zwiebel pellen und fein würfeln. In 1 El Öl bei mittlerer Hitze glasig dünsten. Mit dem Essig ablöschen, einmal aufkochen lassen und den Gemüsefond zugeben. Mit Salz, Pfeffer und Zucker würzen und warm stellen. Kartoffeln abgießen, mit kaltem Wasser abschrecken, pellen, in dünne Scheiben schneiden und in eine Schüssel geben. Mit dem heißen Sud übergießen, das Gurken-Apfel-Gemisch unterheben. Mindestens 1-2 Stunden ziehen lassen. Vor dem Servieren die Petersilie unterheben.

Sättigende Salate – auch als Hauptgericht ein Genuß

Pastasalat mit Huhn und Mango

(Bild Seite 93)

200 g grüne Bandnudeln
Salz
2 doppelte, gebratene Hühnerbrustfilets (300 g)
1 reife Mango
200 ml Joghurt-Salat-Creme
Saft einer Zitrone
Salz
Pfeffer
2 El geröstete Sesamkörner
2 Stauden Chicorée
½ Bund Schnittlauch

Nudeln in Salzwasser bißfest kochen, abtropfen lassen. Damit die Nudeln nicht zusammenkleben, gibt man sie mit etwas Nudelkochwasser oder Butter in eine Schüssel. Erkaltete Hühnerbrüstchen quer halbieren und in schmale Streifen schneiden. Mango schälen, das Fruchtfleisch in ca. 1 cm dicken Streifen vom Stein abtrennen. Die großen Scheiben in Streifen schneiden, den Rest kleinschneiden und mit Joghurt-Salat-Creme und Zitronensaft pürieren. Mit Salz und Pfeffer würzen und die Hälfte des Sesams untermischen. Chicorée in einzelne Blätter teilen, waschen, nach Belieben wässern und auf 4 Teller je einen halben Stern legen. Nudeln mit zwei Dritteln des Hühnerfleisches und der Sauce vermischen und auf den Tellern verteilen. Mango- und Hühnerbruststreifen darauf anrichten, mit restlichem Sesam bestreuen und mit Schnittlauch garnieren.

Raukesalat mit gelben Linsen

▷

350 g gelbe Linsen
Salz
250 g Spargel
20 g Butter oder Margarine
1 Prise Zucker
250 g Austernsaitlinge
Pfeffer
200 g Raukesalat
250 g Tomaten
4 Wachteleier
4 El Balsamessig
4 El Öl
2 El Schnittlauchröllchen

Linsen in kochendes Salzwasser geben und 25 Minuten garen. Spargel schälen, in mundgerechte Stücke schneiden und in kochendem Salzwasser zusammen mit 5 g Butter und dem Zucker 15 Minuten kochen lassen. Pilze putzen, kurz abspülen und in mundgerechte Stücke schneiden. Restliche Butter erhitzen, Pilze darin 5 Minuten braten und mit Salz und Pfeffer würzen. Raukesalat putzen, waschen und gut trockenschütteln, dann grob zerpflücken. Tomaten mit kochendem Wasser überbrühen, kalt abschrecken und häuten, vierteln und entkernen. Die Wachteleier 3 Minuten kochen, abschrecken, pellen und halbieren. Aus Essig, Salz, Pfeffer und Öl eine Salatsauce rühren. Raukesalat darin wenden und auf 4 Tellern anrichten. Pilze, Spargel und Tomaten fächerförmig darauf verteilen. Abgetropfte Linsen mit den Schnittlauchröllchen darübergeben und die restliche Salatsauce darüberträufeln. Die Wachteleierhälften jeweils in der Mitte garnieren.

Bohnensalat mit Schinken

750 g Buschbohnen, Salz
150 g Champignons
250 g Kirschtomaten
1 kleiner Kopf Eisbergsalat
1 große rote Zwiebel
250 g gekochter Schinken
6 El Sherry- oder Weißweinessig
100 ml Pflanzenöl, Pfeffer
1 Bund Petersilie
½ Bund Basilikum

Bohnen in Salzwasser ca. 7 Minuten bißfest garen. Champignons abreiben, blättrig schneiden. Tomaten waschen, halbieren. Salat waschen, trockentupfen, in mundgerechte Stücke zerpflücken. Zwiebel schälen, halbieren und in dünne Scheiben, den Schinken in Streifen schneiden. Alles in einer Schüssel mischen. Aus Essig, Öl, Gewürzen und gehackten Kräutern eine Sauce rühren und unterziehen.

Kartoffelsalat mit getrockneten Tomaten

<u>*12-14 Portionen*</u>
2 kg kleine Kartoffeln
500 g getrocknete Tomaten (in Öl eingelegt)
1 Glas Sardellenfilets (75 g)
2 Bund Frühlingszwiebeln
1 Glas Kapern (105 g)
weißer Pfeffer
2-3 Bund Basilikum

Kartoffeln gründlich waschen und mit der Schale gar kochen. Tomaten in einem Sieb abtropfen lassen, das Öl aufheben. 3-4 Sardellenfilets beiseitelegen, die restlichen Filets fein würfeln. Tomaten in 5 mm dünne Streifen schneiden. Frühlingszwiebeln putzen, waschen und schräg in dünne Scheiben schneiden, nur die weißen und hellgrünen Teile verwenden. Kapern abtropfen lassen, die Flüssigkeit auffangen. Kartoffeln abgießen, kalt abschrecken und noch warm pellen. ⅛ l heißes Wasser, ⅛ l abgetropftes Öl von den Tomaten, die Kapernflüssigkeit und die gewürfelten Sardellen gut verrühren. Frühlingszwiebeln zugeben und kräftig mit Pfeffer würzen. Die warmen Kartoffeln der Länge nach vierteln oder sechsteln und in die Salatsauce geben. Tomaten und Kapern untermengen. Den Salat 3-4 Stunden zugedeckt durchziehen lassen. Basilikumblätter von den Stielen zupfen. Einige Blätter beiseitelegen, den Rest grob hacken. Kartoffelsalat mit den gehackten Basilikumblättern in eine Schüssel schichten. Mit den restlichen Sardellenfilets und Basilikumblättern dekorieren.

Bohnen-Avocado-Salat mit Zitronensauce und Dillblüten

<u>*4-6 Portionen*</u>
500 g Prinzeßbohnen
3 El Öl
Salz
Pfeffer
⅛ l Gemüsebrühe
100 ml Sahne
3 El Zitronensaft
3 Eigelb
1 Avocado
1 El Schale einer unbehandelten Zitrone
je 1 Handvoll Dillblüten und Kerbel

Bohnen waschen und putzen. Im Öl andünsten, salzen und pfeffern. Brühe zugeben und im geschlossenen Topf 15 Minuten garen. Abgießen, Fond auffangen. Bohnen abkühlen lassen. Fond mit Sahne, 2 El Zitronensaft und Eigelb verrühren. Bei milder Hitze unter ständigem Schlagen mit dem Schneebesen erhitzen, bis die Sauce bindet, aber nicht kocht. Abkühlen lassen. Avocado halbieren, Stein entfernen. Hälften schälen, in Scheiben schneiden und sofort mit restlichem Zitronensaft beträufeln. Auf Tellern anrichten. Fein abgeriebene Zitronenschale unter die Sauce rühren, mit Salz und Pfeffer würzen. Dillblüten und Kerbelblätter abzupfen, von beidem einige für die Dekoration zurückbehalten. Kräuter und die Bohnen mischen. Bohnen und Sauce auf den vorbereiteten Avocadoscheiben anrichten, mit den restlichen Kräutern garnieren.

Bunter Reissalat △

100 g Naturreis, 1 Dose Mais
250 g Roastbeef (aufgeschnitten)
4 El Weinbrand, Zucker
je 1 rote und grüne Paprikaschote
weißer Pfeffer, Salz
5 El Joghurt-Salat-Creme

Naturreis bißfest garen. In der Zwischenzeit das Roastbeef in nicht zu dünne Streifen schneiden, mit Weinbrand übergießen, marinieren lassen. Geputzte Paprikaschoten in kleine Würfel schneiden, Mais durch ein Sieb abtropfen lassen. Alle in einer Schüssel vermischen, mit den Gewürzen abschmecken und zum Schluß die Joghurt-Salat-Creme unterheben.

Lauwarmer Nudelsalat mit Kirschtomaten und Zucchini

6 Portionen
500 g Kirschtomaten
100 g Pinienkerne
300 g Zucchini
Salz
100 g schwarze Oliven
6 Knoblauchzehen
4 El Öl
200 g milder Schafskäse
1 Bund Basilikum
1 rote Chilischote
4 El Olivenöl
3 El Rotweinessig
250 g grüne Tagliolini

Tomaten waschen, die Stielansätze keilförmig herausschneiden, vierteln. Pinienkerne in einer Pfanne ohne Fett unter Wenden goldbraun rösten. Zucchini waschen, putzen und längs in ½ cm dicke Scheiben schneiden. Die Scheiben schräg in Streifen schneiden. Salzen. Oliven vom Stein schneiden. Knoblauch pellen, erst in Scheiben, dann in Stifte schneiden. Im heißen Öl nur goldbraun braten, damit sie nicht bitter werden. Aus dem Öl nehmen und auf Küchenpapier abtropfen lassen. Zucchini trockentupfen und im Knoblauchöl 2-3 Minuten dünsten, zwischendurch wenden. Zum Abtropfen in ein Sieb geben, das Öl auffangen. Schafskäse grob raffeln. Basilikum von den Stielen zupfen, ein paar ganze Blätter beiseitelegen, die übrigen in Streifen schneiden. Chilischote der Länge nach aufschlitzen, Kerne herausschaben. Sehr fein würfeln. Aus dem Knoblauchöl, Olivenöl, Essig, Salz und Chilischote eine Salatsauce rühren. Die Nudeln in 5-6 cm lange Stücke brechen und in reichlich sprudelnd kochendem Salzwasser 2 Minuten garen. Abtropfen lassen. Die Nudeln und alle übrigen Zutaten in eine Schüssel geben. Die Sauce darübergießen und unterheben. Mit Basilikumblättern garnieren.

Kartoffelsalat mit Bierwurst ▷

500 g Pellkartoffeln
200 g Bierwurst
2 kleine Stangen Lauch
150 g eingelegte rote Paprikaschoten
¼ l Kartoffelsalat-Sauce
evtl. Salz und Pfeffer
1 El fein gehackte Petersilie

Kartoffeln pellen, abkühlen lassen, in Scheiben schneiden. Die Haut von der Bierwurst abziehen, in dünne Scheiben, dann in Streifen schneiden. Lauch putzen, waschen, in sehr feine Ringe schneiden. Paprikaschoten waschen, in feine Streifen schneiden. Kartoffelsalat-Sauce (von Thomy oder selbst zubereitet aus einer Vinaigrette, die mit saurer Sahne und Dill verfeinert ist) unter die Zutaten heben, gut durchziehen lassen. Mit Salz und Pfeffer abschmecken und mit Petersilie bestreuen.

KARTOFFE
SAU

Kidneybohnensalat »Red Sun«

▷

2 Dosen Kidneybohnen
1 Friséesalat
150 g durchwachsener Speck
100 g Sonnenblumenkerne
1 Apfel (200 g)
1 milde Zwiebel (15 g)
1 Bund Schnittlauch
4 El Sonnenblumenöl
3 El Sherry-Essig
Salz
Pfeffer

Kidneybohnen mit kaltem Wasser abspülen, abtropfen lassen. Friséesalat waschen, putzen und kleinschneiden. Speck sehr fein würfeln und in einer kleinen Pfanne anrösten, Sonnenblumenkerne dazugeben und mitrösten, bis sie goldbraun sind. Apfel schälen und würfeln, Zwiebel sehr fein schneiden. Schnittlauch waschen und in feine Röllchen schneiden. Aus Öl, Essig, Salz, Pfeffer und dem Schnittlauch eine Salatsauce bereiten. In einer großen Schüssel den Friséesalat anrichten, die Kidneybohnen, Zwiebel- und Apfelwürfel darauf verteilen und mit den Sonnenblumenkernen und dem Speck garnieren. Vor dem Anrichten den Salat gleichmäßig mit der Salatsauce überziehen.

Paëlla-Salat

400 g ausgelöstes Hähnchenbrustfilet
1 Zwiebel
2 Knoblauchzehen
75 g geräucherter Bauchspeck
6 El Olivenöl
Salz
schwarzer Pfeffer
300 g Langkornreis
Edelsüßpaprikapulver
1 Döschen Safranpulver (1,25 g)
400 ml Hühnerfond (aus dem Glas)
300 ml (Instant-)Gemüsebrühe
1 rote Paprikaschote
400 g frische Erbsen in der Schote (oder 200 g TK-Erbsen)
500 g Tomaten
Saft und Schale einer unbehandelten Zitrone

Filet in Scheibchen schneiden. Zwiebel und Speck klein hacken. 2 El Öl erhitzen, das Fleisch in 2 Minuten kroß anbraten, herausnehmen. Salzen und pfeffern, zugedeckt beiseitestellen. Speck im heißen Bratfett auslassen. Zwiebel und zerdrückten Knoblauch hinzufügen, kurz dünsten. Reis einrühren, 5 Minuten rösten. Mit Salz, Pfeffer und Paprika würzen. Safran kurz mitdünsten. Mit Fond und heißer Brühe auffüllen. 20 Minuten offen köcheln. Inzwischen Paprikaschote putzen, waschen und halbieren. Die Hälften in kleine Rauten (1,5 cm) schneiden. Frische Erbsen auspalen. Tomaten überbrühen, enthäuten, achteln und entkernen. Paprika, Erbsen (tiefgekühlte unaufgetaut) und das Fleisch zum Reis geben. Bei milder Hitze 10 Minuten ziehen lassen. Fein abgeriebene Zitronenschale und Zitronensaft untermischen. Reis mit den Gewürzen und restlichem Olivenöl abschmecken. Abkühlen und zugedeckt einige Stunden ziehen lassen. Vor dem Servieren die Tomaten zufügen, evtl. nachwürzen.

Kartoffelsalat mit Gurke und Tomate ▷

800 g Pellkartoffeln
1 kleine Zwiebel
1 El Kapern
1 Gewürzgurke
200 g Joghurt-Salat-Creme
1 Tomate

Pellkartoffeln waschen und in kochendem Salzwasser schnittfest kochen, schälen und in Scheiben schneiden. Eine Mischung aus gewürfelter Zwiebel, Kapern und Gewürzgurke sowie Salatsauce bereiten und über die Kartoffelscheiben gießen, gut vermengen und ziehen lassen. Mit Tomatenachteln garnieren und etwas ziehen lassen.

Mailänder Nudelsalat

600 g Schleifchennudeln
Salz
⅛ l Olivenöl
200 ml Rotweinessig
Pfeffer
Cayennepfeffer
2 große Knoblauchzehen
je ein Bund Petersilie und Basilikum
300 g Mailänder Salami am Stück
je 150 g Möhren, Salatgurke und kleine Champignons

Nudeln in kochendem Salzwasser bißfest garen, abgießen, abtropfen lassen. Aus Öl, Essig, 1 El Salz, Pfeffer und Cayennepfeffer eine Marinade rühren. Knoblauch durch eine Presse drücken. Kräuter waschen, trockentupfen, einige Blätter für die Garnitur zurückbehalten, restliche grob hacken. Nudeln mit Marinade und Kräutern vermischen. Salami in dünne Streifen schneiden. Möhren schälen, grob raspeln. Gurke waschen, entkernen, in kleine Würfel teilen. Champignons putzen, in dünne Scheiben schneiden. Alles mit den Nudeln mischen, mehrere Stunden ziehen lassen. Nach Belieben nachwürzen.

Deftiger Blutwurstsalat

8 Portionen
50 g Gemüsezwiebel
500 g Schinken-Blutwurst (sehr dünn geschnitten)
1-2 El Bieressig
3 El Pflanzenöl
½ Bund Schnittlauch

Zwiebel in feine Scheiben schneiden. Abwechselnd Wurst und Zwiebeln auf einer Platte anrichten. Essig und Öl miteinander verrühren. Über den Salat gießen. Schnittlauchröllchen darüberstreuen.

Brandenburger Käsesalat

▷

200 g Emmentaler
1 säuerlicher Apfel (150 g)
1 Birne (150 g)
25 g Walnußkerne
200 g Mayonnaise
2 Tl Senf

Emmentaler streifig schneiden. Apfel und Birne waschen, in kleine Würfel schneiden. Walnußkerne grob hacken. Alles vermischen. Die Mayonnaise mit dem Senf vermengen und unter die Salatzutaten heben, vor dem Servieren ca. 1 Stunde durchziehen lassen, nach Belieben garnieren.

Salat »Bella Italia«

150 g Tortellini
1 Kopf Romanasalat
200 g Rauke
4 große Tomaten
2 kleine Zucchini
200 g Fenchel
200 g gekochter Schinken
1 große Gemüsezwiebel
3 El Olivenöl
Saft einer halben Zitrone
175 g Sahne-Dickmilch
2 El Buttermilch
Salz
Pfeffer
Fenchelkraut
2 El Traubenkernöl

Tortellini in kochendem Salzwasser bißfest kochen. Romanasalat und Rauke putzen und grob zerpflücken. Tomaten achteln, Zucchini und Fenchel putzen und in feine Streifen schneiden. Alles locker vermischen und auf einer Platte anrichten. Schinken und Zwiebel würfeln und in etwas Olivenöl andünsten. Abgetropfte Tortellini zugeben, durchschwenken. Für die Salatsauce Dickmilch mit Buttermilch, Zitrone, Salz, Pfeffer, Fenchelkraut und Öl verrühren und gleichmäßig über den Salat geben. Daneben die noch warme Tortellinimischung dekorativ anrichten.

Sellerie-Möhren-Salat mit Würstchen

250 g Möhren
400 g Knollensellerie
1 Stange Lauch
350 g Gewürzgurken
4 Wiener Würstchen
3 El Essig
1 Tl Senf
Salz
Pfeffer
½ Tl Zucker
3 El Öl
1 Kästchen Kresse

Möhren und Sellerie in dünne Streifen, Lauch in breite Streifen, Gurken und Würstchen in Scheiben schneiden. Essig, Senf, Gewürze und Öl verrühren. Vorbereitete Salatzutaten mit der Marinade mischen. Mit Kresse bestreut anrichten.

Kartoffelsalat mit Sojabohnen

▷

400 g Kartoffeln (festkochend)
½ Tl gem. Kümmel
100 g rote Zwiebeln
250 g Sojabohnenkeimlinge
1 Tl Senf
1 El Zitronensaft
Salz
½ Tl Ingwerpulver
2 El Kondensmilch (4 %)
6 El Joghurt-Salat-Creme

Kartoffeln zusammen mit Kümmel in wenig Wasser garen, abkühlen lassen, pellen und in dünne Scheiben schneiden. Zwiebeln schälen, fein würfeln. Frische Sojabohnenkeimlinge in ein Sieb geben und mehrmals gut waschen, abtropfen lassen (Dosenware nur abtropfen lassen) und zusammen mit den Zwiebelwürfeln zu den Kartoffeln geben. Für die Sauce Senf, Zitronensaft, etwas Salz, Ingwerpulver, Kondensmilch und Joghurt-Salat-Creme vermischen, über die Kartoffeln und Sojabohnenkeimlinge geben und vorsichtig unterheben. Vor dem Servieren etwas ziehen lassen.

Sangrita-Salat

2 Zwiebeln
2 Knoblauchzehen
6 El Olivenöl
300 g Langkornreis
1 El Tomatenmark
350 ml Sangrita
(pikant-scharfer Tomatensaft)
300 ml heiße
(Instant-)Fleischbrühe
Salz, Pfeffer
1 Tl Senfpulver
Zucker
1 Zitrone
4-5 El Rotweinessig
300 g grüne Bohnen
200 g Maiskörner
200 g Cabanossi oder andere
Knoblauchwurst
10 schwarze Oliven
4 Tomaten

Zwiebeln und Knoblauch fein hacken. Mit 3 El Öl glasig dünsten. Den Reis dazuschütten und so lange rühren, bis er von Fett überzogen ist. Tomatenmark einrühren, anschwitzen. Mit Sangrita ablöschen, heiße Brühe angießen und aufkochen. Mit Salz, Pfeffer, Senfpulver, Zucker, Zitronensaft und 2 El Essig würzen. Zugedeckt bei kleiner Hitze ca. 20 Minuten ausquellen lassen. Inzwischen Bohnen waschen, putzen und in mundgerechte Stücke schneiden. In kochendem Salzwasser 8-10 Minuten garen. Abgießen, eiskalt abschrecken. Mais abtropfen lassen und mit der Wurst und Oliven unter den Reis mischen. Übriges Öl unterrühren, mit Essig und Gewürzen kräftig abschmecken. Zugedeckt einige Stunden ziehen lassen. Tomaten überbrühen, häuten und achteln. Vor dem Servieren unterheben oder den Salat damit dekorieren.

Tafelspitzsalat mit Staudensellerie und Äpfeln ▷

500 g Tafelspitz
1 l Brühe
1 Lorbeerblatt
1 Tl schwarze Pfefferkörner
1 Bund Suppengrün
1 große Zwiebel
3 El Öl
4 El Zitronensaft
Zucker
Salz
Pfeffer
4 Stangen Staudensellerie
2 Äpfel
100 g Walnüsse
1 Kopf Radicchio

Tafelspitz in kochender Brühe mit dem Lorbeerblatt, Pfefferkörnern und Suppengrün sowie der Zwiebel ca. 1 ½ Stunden garen. Aus der Brühe nehmen, auskühlen lassen und in dünne Streifen schneiden. Aus Öl, Zitrone, Zucker, Salz und Pfeffer eine Marinade rühren. Selleriestangen waschen und in Scheiben schneiden. Äpfel waschen, achteln und quer in Scheiben schneiden. Äpfel, Sellerie, Walnüsse und Fleisch mit der Marinade vermischen. Tafelspitzsalat auf Radicchioblättern anrichten.

Kartoffelsalat mit Rauke und gepökelter Zunge

6 Portionen
80 g Zwiebel
50 g Knollensellerie
50 g Möhre
1 gepökelte Kalbszunge (750 g)
1 Lorbeerblatt
8 schwarze Pfefferkörner
650 g Kartoffeln (festkochend)
5 El Weißweinessig
1 Tl Salz
weißer Pfeffer
50 ml Öl
2 Tomaten
½ Bund Schnittlauch
100-150 g Raukesalat

Zwiebel, Sellerie, Möhre grob würfeln, mit der Zunge, dem Lorbeerblatt und den Pfefferkörnern in einen Topf geben.
2 l Wasser zugießen. Im offenen Topf 3 Stunden sieden (nicht kochen) lassen. Pellkartoffeln gar kochen, abgießen und abdämpfen, noch warm pellen. Essig, Salz, Pfeffer in einer Schüssel mischen, das Öl unterrühren. Zwei Drittel der Vinaigrette abnehmen und in eine Schüssel geben. Die Kartoffeln in dünnen Scheiben direkt in die Vinaigrette schneiden und eine Stunde darin durchziehen lassen. Tomaten brühen, abziehen, vierteln, entkernen und in Streifen schneiden. Schnittlauch in Röllchen schneiden. Rauke verlesen, waschen und trockenschleudern. Die Blätter durch die restliche Vinaigrette ziehen. Die Zunge aus dem Sud nehmen, kalt abschrecken und häuten. Fett und Sehnen abschneiden. In ca. 18 Scheiben schneiden. Kartoffelsalat mit den Raukeblättern auf 6 Teller geben. Die Zungenscheiben auf dem Salat anrichten und mit Tomatenstreifen und Schnittlauchröllchen garnieren. Etwas lauwarmen Zungensud über das Fleisch gießen. Den Salat gleich servieren.

Pfeffer

Radicchiosalat mit Salami

▷

150 g feine Salami
150 g Radicchio
200 g Lauchzwiebeln
150 g Champignons
12 Kirschtomaten

Für die Marinade:
2 El Sherry
2 El Essig
5 El Öl
je 1 Bund Petersilie und Schnittlauch
Salz
Pfeffer

Radicchio waschen und auseinanderzupfen. Lauchzwiebeln und Kirschtomaten waschen und kleinschneiden. Champignons putzen und in feine Scheiben schneiden. Alles vermischen. Für die Marinade alle Zutaten verquirlen und mit Salz und Pfeffer abschmecken. Mit den Salamischeiben auf Tellern dekorativ anrichten und sofort servieren.

Panzanella - Toskanischer Brotsalat

8-10 Portionen
350 g italienisches Fladenbrot
8 El Rotweinessig
2 Lorbeerblätter
10 schwarze Pfefferkörner
1 kleine Zwiebel
je 1 kleine rote und gelbe Paprikaschote
500 g reife Tomaten
3 Frühlingszwiebeln
1 kleiner Staudensellerie
3-4 Knoblauchzehen
8-10 El Olivenöl, Salz
schwarzer Pfeffer
1 Bund glatte Petersilie
2 Stiele frische Minze
1 Bund Basilikum
3 El kleine Kapern

Brot am Vortag in Scheiben schneiden und trocknen lassen. ⅛ l Wasser mit Essig, Lorbeer, Pfefferkörnern, geviertelter Zwiebel aufkochen, kalt werden lassen. Paprikaschoten putzen, sehr klein würfeln. Tomaten häuten, vierteln, entkernen, in grobe Stücke schneiden. Helle Teile der Frühlingszwiebeln in dünne Ringe schneiden. Staudensellerie putzen, in dünne Scheiben schneiden. Brot in nicht zu kleine Brocken zerpflücken, in eine Schüssel geben. Kalten Essigsud durch ein Sieb darübergießen. Brotwürfel gut damit mischen. Knoblauchzehen pellen und durch die Knoblauchpresse ins Öl pressen, salzen und pfeffern. Petersilie grob hacken. Minze- und Basilikumblätter grob zerzupfen. Brotwürfel (müssen den Essigsud voll aufgesogen haben) mit Paprika, Tomaten, Frühlingszwiebeln, Staudensellerie, Petersilie, Minze, Basilikum und Kapern mischen. Knoblauchöl unter den Salat heben. 1 Stunde abgedeckt im Kühlschrank durchziehen lassen. Vor dem Servieren evtl. noch etwas Öl und Essig darüberträufeln. Nach Belieben mit frischen Kräutern garnieren.

Wurstsalat mit Mais

▷

2 Bund Radieschen
2 säuerliche Äpfel
1 Salatgurke (200 g)
400 g Fleischwurst
1 Dose Mais
1 Romanasalat
1 El Rotweinessig
4 El Olivenöl
Salz
Pfeffer

Für die Mayonnaise:
1 Eigelb
3 El Zitronensaft
3 El Orangensaft
1 Tl Currypulver
¼ l Olivenöl
Salz

Radieschen waschen und in Stifte schneiden. Äpfel vierteln, in Scheiben schneiden. Salatgurke schälen und der Länge nach halbieren. Die Kerne mit einem Teelöffel herauslösen, die Gurke in Scheiben schneiden. Fleischwurst in Streifen schneiden. Mais auf einem Sieb abtropfen lassen. Romanasalat waschen und zerteilen. Alle Salatzutaten vermischen. Essig, Olivenöl, Salz und Pfeffer verquirlen und unter den Salat mischen. Für die Mayonnaise Eigelb mit Zitronensaft und Orangensaft schaumig schlagen. Currypulver zugeben. Mit einem Schneebesen das Öl tropfenweise unterrühren. Evtl. etwas Saft nachgießen. Mit Salz abschmecken und über den Salat geben oder zum Salat servieren.

Hähnchenbrustsalat mit Chilivinaigrette

400 g Hähnchenbrustfilet
4 El Öl, Salz
5-6 frische grüne Chilischoten
100 g Feldsalat
1 Schalotte, Pfeffer
2 Tomaten
2 El Essig
1 Prise Zucker
100 g Sauerrahm
2 El Zitronensaft
4-5 El Milch
1 Bund Petersilie

Fleisch in 2 El Öl mit zwei ganzen Chilischoten und einer gehackten Schote braten, leicht salzen, pfeffern. Übrige Chilies entkernen, zur Hälfte in dünne Ringe schneiden, Rest würfeln. Salat waschen, putzen, Schalotte abziehen und hacken, Tomaten waschen, klein würfeln. Aus Essig, Zucker, einigen Chiliwürfeln, Salz, Pfeffer, übrigem Öl und Schalotten eine Marinade rühren, Tomaten untermischen. Fleisch schräg in dünne Scheiben schneiden. Sauerrahm mit Zitronensaft und Milch glattrühren, mit Salz, Pfeffer, einigen Chiliwürfeln und -ringen würzen, die gehackte Petersilie untermischen. Salat mit den Tomaten mischen, mit dem Fleisch anrichten, Sauerrahm darüberträufeln. Mit restlichen Chilies bestreuen.

WURST
IM
NATURDAR
NATÜRLICH

Spargel-Wurst-Salat in Sauerampferdressing

4-6 Portionen
750 g weißer Spargel
300 g Frühlingszwiebeln
½ Salatgurke
300 g Kalbfleischwurst
1 Bund Sauerampfer
(ca. 100 g)
1 El Öl
3 El Limettensaft
1 Tl Zucker
2 Tl mittelscharfer Senf
150 g Crème double
80 g Joghurt
Salz
weißer Pfeffer

Spargel großzügig schälen und schräg in sehr dünne Scheiben schneiden. Frühlingszwiebeln putzen, in dünne Ringe schneiden. Salatgurke schälen, der Länge nach halbieren, entkernen und in dünne Scheiben schneiden. Kalbfleischwurst erst in Scheiben, dann in dünne Stifte schneiden. Spargel, Frühlingszwiebeln, Gurken und Kalbfleischwurst mischen. Sauerampfer waschen und putzen, einige Blätter zum Garnieren beiseitelegen. Restliche Blätter grob hacken und mit dem Öl, Limettensaft, Zucker und Senf fein pürieren. Crème double und Joghurt daruntermischen, mit Salz und Pfeffer würzen. Salat auf den Sauerampferblättern anrichten. Das Dressing darüber verteilen.

Bohnensalat mit Basilikum und Minz-Joghurt

6-8 Portionen
1 Dose Riesenbohnen (800 g)
150 g kleine Zwiebeln
12 El Olivenöl
5-7 El Rotweinessig
Salz
schwarzer, grob geschroteter Pfeffer
400 g grüne Bohnen
2 El Minzeblätter
300 g Sahnejoghurt
½ Knoblauchzehe
1 Bund Basilikum

Riesenbohnen abspülen und abtropfen lassen. Zwiebeln schälen und in dünne Ringe schneiden. Aus 10 El Olivenöl, 5 El Rotweinessig, Salz und Pfeffer eine Vinaigrette rühren. Riesenbohnen und Zwiebeln darin ca. 30 Minuten marinieren, ab und zu wenden. Inzwischen die grünen Bohnen putzen und in kurze Stücke brechen. 15 Minuten in Salzwasser im geschlossenen Topf bei schwacher Hitze garen, aber nicht zu weich kochen, dann abtropfen lassen. Minzeblätter in feine Streifen schneiden. Joghurt mit restlichem Öl und Minze verrühren. Mit wenig Salz und dem durchgepreßten Knoblauch würzen. Bis zum Servieren eiskalt stellen. Riesenbohnen mit Salz und evtl. mit restlichem Essig würzen. Grüne Bohnen untermischen und 10 Minuten marinieren. Basilikumblätter von den Stielen zupfen, große Blätter längs halbieren, unter den Salat mischen und sofort mit dem Minz-Joghurt servieren.

Fleischwurstsalat

▽

400 g Fleischwurst
½ Stange Lauch
2 große, säuerliche Äpfel
2 El Traubenkernöl
3 El Essig, Salz
1 Tl geriebener Meerrettich
Schnittlauch, Pfeffer
1 kleiner Kopf Salat

Fleischwurst ohne Pelle in Streifen schneiden. Lauch putzen, waschen und in Ringe schneiden. Äpfel waschen, schälen, entkernen und in kleine Stücke schneiden. Für die Sauce Traubenkernöl mit Essig, Salz und Pfeffer verschlagen und mit Meerrettich abschmecken. Die Fleischwurststreifen und die Salatzutaten mit der Sauce vermischen, etwas Schnittlauch unterrühren, den Salat kurze Zeit durchziehen lassen. Auf Salatblättern anrichten, mit Schnittlauch bestreut servieren.

Reissalat mit Nußvinaigrette

2 Schalotten
4 El Öl, Salz
300 g Langkornreis
¾ l (Instant-)Gemüsebrühe
schwarzer Pfeffer
3 Stangen Staudensellerie
250 g zarte Spinatblätter
2 El gehackte Kräuter (Schnittlauch, Petersilie, Dill)
einige Dillspitzen zum Garnieren
6 El (Zitronen-)Essig
Zucker
3 El Walnußöl
2 El fein gehackte Sonnenblumenkerne

Schalotten abziehen und fein hacken, in 2 El heißem Öl glasig dünsten. Den Reis dazuschütten und so lange rühren, bis er von Fett überzogen ist. Heiße Brühe angießen, aufkochen, salzen und pfeffern. 20-25 Minuten ausquellen lassen. Inzwischen den Sellerie putzen und waschen, in Scheibchen schneiden. Spinat waschen, verlesen. Zwei Drittel davon in kochendem Salzwasser blanchieren, eiskalt abschrecken und abtropfen lassen. Reis mit Sellerie, blanchiertem Spinat und Kräutern mischen. Essig, Salz, Pfeffer und 1 Tl Zucker verquirlen. Walnußöl und 2 El Öl unterschlagen. Sonnenblumenkerne unterrühren. Den Salat anmachen, einige Stunden ziehen lassen. Vor dem Servieren die übrigen Spinatblätter unterheben, nochmals abschmecken. Mit Dillspitzen garnieren.

Salate mit Körnern und Sprossen

Staudensellerie mit Roquefortcreme

(Bild Seite 117)

1 Staudensellerie
200 g Roquefort
200 g Quark, 4 El Sahne
blaue Weintrauben oder
schwarze Oliven
Walnußhälften zum Garnieren

Stiele des Sellerie ablösen, putzen und waschen, äußere Stiele evtl. teilen und auf einer Platte anrichten. Roquefort durch ein Sieb streichen, mit Quark und Sahne zu einem Dip verrühren. Mit Weintrauben oder Oliven, Walnußhälften und Selleriegrün garnieren.

Pikante Grünkernbällchen

(Bild Seite 117)

420 g getrocknete Pilze
1 mittelgroße Zwiebel
20 g Butter
180 g Grünkernschrot
400 ml (Instant-)Gemüsebrühe
2 Eier
Salz
Pfeffer
Kokosfett zum Braten

Getrocknete Pilze waschen, einige Stunden in wenig Wasser einweichen, gut ausdrücken. Einweichwasser aufbewahren. Zwiebeln in Fett glasig dünsten und Grünkernschrot zugeben. Mit der Gemüsebrühe und dem Pilzwasser aufgießen, aufkochen und ca. 15-20 Minuten bei geringer Energiezufuhr ausquellen lassen. Masse abkühlen lassen, mit Eiern, Gewürzen und den geschnittenen Pilzen vermengen. Kleine Bällchen im heißem Kokosfett goldbraun braten.

Tofu-Pilz-Salat

125 g frische Shii-Take-Pilze
Salz
400 g Tofu
1-2 El Meerrettich
2 El Sojaöl
20 g Sesamsaat
125 g Radieschenkeime
1 Bund Radieschen
125 g Rettich
1 Bund Frühlingszwiebeln
4 El süße Chilisauce

Pilze vierteln oder halbieren, mit 1 Tl Salz bestreuen und 1 Stunde durchziehen lassen. Dann gut abtropfen lassen. Tofu in 8 Scheiben schneiden, salzen, mit Meerrettich bestreichen und mit Öl beträufeln. 30 Minuten ziehen lassen. Sesam mit etwas Salz bei milder Hitze rösten, kalt werden lassen. Im Mörser grob zerstoßen. Keime waschen, gut abtropfen lassen. Gemüse putzen, Radieschen in Scheiben, Rettich in Streifen, Frühlingszwiebeln in Ringe schneiden. Tofu auf Tellern anrichten, mit Pilzen und Gemüse umlegen, mit Chilisauce und Sesamsalz garnieren.

Grünkernsalat

150 g Grünkernkörner
1 Zweig Thymian
1 Knoblauchzehe, Salz
200 g rote Bete
3 El Weizenkeimöl
1 El Apfeldicksaft
2 El Obstessig
200 g Sauerkraut
150 g Feldsalat
1 Orange, Pfeffer
1 El geriebener Meerrettich
200 g Sauerrahm (10 %)

Grünkern mit etwas Salz, Thymian und Knoblauch im Schnellkochtopf weich kochen. Rote Bete waschen, schälen und in feine Würfel schneiden. In 1 El Öl andünsten, dann mit 1-2 El Wasser, dem Dicksaft und etwas Salz gar dünsten. Sauerkraut kleinschneiden, mit dem abgekühlten Grünkern mischen. Öl, Obstessig, Salz und Pfeffer verquirlen, unter den Salat ziehen. Feldsalat putzen und waschen, locker mit dem Getreidesalat mischen. Anrichten wie Abb. oben. Sauerrahm mit Meerrettich, Salz und Pfeffer mischen und zum Salat reichen.

Linsensprossen-Möhren-Rohkost

▷

ca. 200 g Linsensprossen
500 g Möhren
1 Stange Lauch oder 3 kleine Frühlingszwiebeln
1 Stengel glatte Petersilie
3 El Mandelmus
4 El Zitronensaft
Salz
1 Msp. Honig
5 zerstoßene Korianderkörner
2 El Mandelblättchen

Linsensprossen gut abspülen, evtl. in kochendem Wasser 1 Minute blanchieren. Möhren grob raspeln oder in feine Streifen schneiden. Lauch in Scheiben bzw. Frühlingszwiebeln in kleine Würfel schneiden. Petersilie hacken. Aus Mandelmus, 2 El kochendem Wasser, Zitronensaft, Salz, Honig und Koriander eine cremige Sauce herstellen und alles miteinander mischen. Die Rohkost mit Mandelblättchen hübsch garnieren und sofort servieren.

Hirsesalat mit Sesamsauce

6-8 Portionen
100 g Kichererbsen
2 El Sesampaste
200 g Sauerrahm
Salz
1 Knoblauchzehe
Cayennepfeffer
gemahlener Kreuzkümmel
4 El Zitronensaft
350 g Hirse
6 El Olivenöl
400 ml (Instant-)Gemüsebrühe
2 Zwiebeln
2 Bund glatte Petersilie
5 Stengel Minze
3 Stengel Bohnenkraut
½ Salatgurke
½ rote Paprikaschote
1 Kopfsalat

Für die Sesamsauce die Kichererbsen über Nacht in 1 Liter kaltem Wasser einweichen. Dann darin zugedeckt 3 Stunden kochen. In ⅛ l vom Kochwasser pürieren. Kichererbsenbrei mit Sesampaste und Sauerrahm verrühren. Die Sesampaste mit Salz, durchgepreßtem Knoblauch, je einer Prise Cayennepfeffer und Kreuzkümmel und 1-2 El Zitronensaft würzen, kalt stellen. Hirse heiß waschen. Abtropfen lassen und in 2 El Öl andünsten. Gemüsebrühe zugießen und einmal aufkochen. Zugedeckt bei ganz milder Hitze 12-15 Minuten ausquellen lassen. Inzwischen die Zwiebeln fein würfeln. Kräuter waschen, trockenschütteln, abzupfen und sehr fein hacken. Gurke waschen und sehr fein würfeln, Paprikaschote waschen, putzen und sehr fein würfeln. Zwiebeln, Kräuter und Gurke unter die Hirse mischen, restlichen Zitronensaft und restliches Öl unterrühren und 20 Minuten durchziehen lassen. Mit Salz nach Belieben würzen und abschmecken. Kopfsalat putzen, waschen, trockenschleudern und in feine Streifen schneiden. Sauce auf Tellern verteilen, Kopfsalat und Hirsesalat anrichten und mit Paprikawürfeln bestreut servieren.

Buchweizensalat mit Zitronensahne ▷

250 g Buchweizen
250 g Kirschtomaten
80 g milder Schafskäse
1 Kopf grüner Blattsalat
1 Kohlrabi
2 El Zitronensaft
3 El (Instant-)Gemüsebrühe mit Hefe
2 El Walnußöl
Kräutersalz
Pfeffer
1 Bund Basilikum

Für den Zitronenschaum:
eine unbehandelte Zitrone
Salz, Pfeffer
1 El Sauerrahm (10 %)
1 El geriebener Meerrettich
⅛ l Sahne

Buchweizen in einen Topf geben, mit Wasser bedecken und zum Kochen bringen. 2 Minuten köcheln lassen, dann in ein Sieb schütten und kalt abbrausen, damit der rötliche Schleim entfernt wird. Wieder in den Topf geben und in 400 ml leicht gesalzenem Wasser in 15 Minuten bißfest garen. Buchweizen abschütten, kalt abschrecken und abkühlen lassen. Kirschtomaten abbrausen und abtropfen lassen. Schafskäse würfeln. Salat waschen, putzen und gut abtropfen lassen. Dann vier Teller damit auslegen. Kohlrabi schälen, putzen und grob raspeln. Alle Gemüsesorten und den Käse mit dem Buchweizen mischen. Zitronensaft, Gemüsebrühe und das Öl verquirlen. Mit Salz und Pfeffer würzen. Basilikum abbrausen, abtropfen lassen. Blättchen abzupfen und fein hacken. Marinade und das Basilikum unter den Salat heben und diesen auf den Tellern verteilen. Durchziehen lassen. Für den Zitronenschaum abgeriebene Zitronenschale und Zitronensaft mit Sauerrahm, Salz, Meerrettich und Pfeffer verrühren. Sahne steifschlagen, unterziehen, zum Salat reichen.

Sojasprossen-Radieschen-Salat

250 g Sojasprossen
250 g Zucchini
1-2 Bund Radieschen
Salz
Pfeffer
1 El Zitronensaft
4 El Öl
1 El Olivenöl
2 Kästchen Kresse
evtl. 125 g Frühstücksspeck

Sojasprossen waschen und in einem Sieb abtropfen lassen. Geputzte Zucchini in dünne Stifte schneiden, Radieschen in Scheiben zerteilen. 1 ½ Kästchen Kresse abschneiden. Alles in eine Schüssel geben. Aus Salz, Pfeffer, Zitronensaft, Essig, Öl und Olivenöl eine Salatsauce rühren und über die vorbereiteten Zutaten gießen. 5-10 Minuten ziehen lassen, dabei ein- bis zweimal wenden. Nochmals abschmecken, dann anrichten und mit der restlichen Kresse garnieren.

Erdbeersalat mit Sojakeimlingen

2 Portionen
250 g Erdbeeren
1 Orange
70 g frische Sojabohnenkeimlinge
100 g Crème fraîche
Salz
Pfeffer
2 El Zucker
etwas abgeriebene Schale einer unbehandelten Zitrone

Erdbeeren putzen, kurz abbrausen, gut abtropfen lassen und halbieren. Orange schälen, dabei die weiße Haut mit entfernen, filetieren. Keimlinge kurz mit heißem Wasser abbrausen, mit Orangenfilets und Erdbeeren mischen. Crème fraîche mit Salz, Pfeffer, Zucker und etwas Zitronenschale abschmecken. Über den Salat geben, dann bis zum Servieren kalt stellen.

Tofuwürfel mit Orangenspalten

4 El Rotweinessig
2 Knoblauchzehen
4 El Olivenöl
Salz
Rosmarinnadeln
250 g Tofu
10 grüne Oliven oder
Paprikastücke
20 Orangenspalten

Aus Essig, Öl, durchgepreßtem Knoblauch, Salz und Rosmarinnadeln eine Marinade herstellen und den Tofu damit beträufeln. Ca. 2 Stunden ziehen lassen. Tofu in kleine Würfel schneiden, mit Oliven und Orangenspalten auf Holzstäbchen aufspießen und servieren.

Gefüllte Chicoréeblätter

3-4 Chicorée-Stauden
1 Dose vegetabiler Aufschnitt, schnittfest (Reformhaus)
1 rote Paprikaschote
2 Essiggurken
2 El Rotweinessig
4 El Sonnenblumenöl
1 Knoblauchzehe
2 Tl körniger Senf
2 El gekochte Haferkörner oder anderes gekochtes Getreide

Chicorée-Stauden zerteilen und waschen. Blätter gut trocknen. Vegetabilen Aufschnitt in kleine Stifte oder Würfel schneiden, ebenfalls die Paprikaschote und Essiggurken. Aus Essig, Sonnenblumenöl, zerdrückter Knoblauchzehe und Senf eine Sauce herstellen, die Aufschnittstückchen, die Paprika- und Gurkenwürfel und die gekochten Getreidekörner damit vermischen. Chicoréeblätter mit dieser Mischung füllen und sofort servieren.

Gefüllte Eier vegetarisch

6 Eier
125 g vegetabile Pastete (Reformhaus)
1 El Senf
2-3 El Milch
2-3 El Rettichsprossen

Eier in Salzwasser 10 - 12 Minuten hartkochen, abschrecken, abpellen und halbieren, Eigelb mit einem Teelöffel herauslösen und durch ein Sieb drücken. Mit der leicht angewärmten Pastete, Senf und Milch cremig rühren. Die Masse in eine Spritztüte geben und damit die Eier füllen. Mit Rettichsprossen nach Belieben garnieren und sofort servieren.

Anislachs auf Sprossensalat

8 Portionen
1 Seite Lachsfilet (ca. 1,2 kg ohne Haut und Gräten)
40 g Sternanis
15 Wacholderbeeren
8 Zweige Thymian
70 g Salz
50 g Zucker
30 g Sesamsaat (geschält)
1 Kopf Friséesalat
100 g Rettichsprossen
50 g Alfalfasprossen
4-5 El Balsamessig
Salz
Pfeffer
⅛ l Öl

Lachsfilet nachputzen (mit einer Pinzette noch vorhandene Gräten vorsichtig herausziehen). Anis und Wacholderbeeren im Mörser zerkleinern. Thymianblättchen von den Stielen zupfen, mit dem Salz zur Anis-Wacholder-Mischung geben und zu einer grobkörnigen Masse verarbeiten. Zum Schluß den Zucker untermischen. Das Lachsfilet von beiden Seiten mit der Gewürzmischung einreiben. In einen langen Gefrierbeutel geben und im Kühlschrank mindestens 24 Stunden beizen. Sesam ohne Fett in einer Pfanne goldbraun rösten. Friséesalat waschen, abgetropft in kleine Stücke zupfen und mit den Sprossen mischen. Aus Balsamessig, Salz, Pfeffer und 8 El Öl eine Salatsauce rühren. Den Salat mit der Sauce mischen. Das Lachsfilet kurz abspülen und trockentupfen. Durchschneiden, im restlichen Öl von beiden Seiten je 1-2 Minuten braten, etwas ruhen lassen und dann in schmale Scheiben schneiden. Den Salat portionsweise auf Tellern anrichten und mit Sesam bestreuen. Das gebeizte Lachsfilet darauflegen.

Hafer-Gemüse-Salat

▷

200 g Haferkörner
30 g Sonnenblumenkerne
3 El Rotweinessig
1 Tl Senf
1 zerdrückte Knoblauchzehe
Salz
schwarzer Pfeffer
4 El Sonnenblumenöl
½ Dose Mais (ca. 150 g)
200 g frische Spinatblätter
2 Möhren
2 Zucchini

Haferkörner ca. 30 Minuten kochen. Sonnenblumenkerne ohne Fett leicht anrösten. Aus Essig, Senf, Knoblauch, Salz, Pfeffer und Sonnenblumenöl eine Sauce rühren und mit den Haferkörnern, Sonnenblumenkernen und Mais vermischen. Salat eine halbe Stunde durchziehen lassen. Spinatblätter auf vier Tellern ausbreiten, Salat darauf verteilen. Dann die Möhren und Zucchini mit einem Kartoffelschäler in breite Streifen schneiden. Haferkörnersalat nach Belieben damit garnieren und sofort servieren.

Buchweizen-Sellerie-Salat

▷

80 g Buchweizen
1 Apfel
1 Sellerieknolle
1 Möhre
Saft einer Orange
2 El Walnußöl
2 El Sonnenblumenöl
½ Tl Honig
Salz
zerstoßener Anissamen
1 Stengel glatte Petersilie

Buchweizenkörner ca. 30 Minuten einweichen. Abspülen und abtropfen lassen. Apfel schälen, Sellerieknolle und die Möhre gut bürsten, evtl. schälen und in feine Stifte schneiden. Aus Orangensaft, Walnußöl, Sonnenblumenöl, Honig, Salz und Anissamen eine Sauce herstellen und damit vermischen. Buchweizenkörner in einer Pfanne ohne Fett kurz anrösten und noch warm über den Salat streuen. Mit gehackter Petersilie garnieren und sofort servieren.

Tomaten-Sprossen-Salat

4 Tomaten
100 g Sprossen
1 kleine Zwiebel
Salz, Pfeffer
2 El Essig, 3 El Öl
150 g Knoblauch-Crème fraîche
2 El Zitronensaft

Tomaten waschen, in Scheiben schneiden und auf 4 Tellern anrichten. Sprossen überbrausen, abtropfen. Zwiebel abziehen, hacken, mit Essig, Öl, Salz und Pfeffer über den Tomaten verteilen. Sprossen darüberstreuen. Knoblauch-Crème fraîche mit Zitronensaft verrühren und auf den Salat geben.

Bohnensalat mit Rettichsprossen

500 g Prinzeßbohnen
1 rote Paprikaschote
1 große Zwiebel
2 Knoblauchzehen
1 Bund Radieschen
Salz
Pfeffer
etwas Fondor
4 El Öl
2 El Essig
3 El Rettichsprossen
3 El Rettichgrün

Gewaschene, geputzte Bohnen in wenig Salzwasser ca. 25 Minuten weichdünsten. Abschütten und abkühlen lassen. Paprikaschote waschen, putzen und in feine Streifen, Zwiebel schälen und in dünne Ringe schneiden. Radieschen in dünne Scheibchen hobeln. Aus Essig, Öl und den Gewürzen eine Salatsauce zubereiten, mit dem Gemüse vermengen und die Rettichsprossen untermischen. Mit Rettichgrün bestreut servieren.

Quinoasalat

▷

200 g Quinoa (Reformhaus)
1 Tl (Instant-)Gemüsebrühe mit Hefe, Salz
2 Stangen Lauch (300 g)
3 El Rotweinessig
1 El Senf, 1 Apfel
1 El Honig, 200 g Möhren
4 El Sojasauce
40 g Sesam- oder Sonnenblumenöl
2 El geröstete Sesamsamen

Quinoa in 1 l kochendem Wasser ca. 12 Minuten garen, mit Gemüsebrüheextrakt würzen. Lauch und Möhren waschen, in dünne Streifen schneiden. Apfel vierteln, kleinschneiden. Essig, Senf, Honig, Sojasauce, Salz und Öl zu einer Sauce verrühren und mit den übrigen Zutaten vermischen. Ca. 1 Stunde durchziehen lassen und die ohne Fett gerösteten Sesamsamen zugeben.

Zucchini-Sprossen-Salat

1 Kopfsalat
200 g junge Möhren
200 g Zucchini
3 El Weißweinessig
1 Tl mittelscharfer Senf
Salz
Pfeffer
6 El Öl
1 hartgekochtes Eiweiß
1 Handvoll frische Keimlinge (Senf oder Alfalfa)
einige Zweige Zitronenmelisse

Salat putzen, waschen und trockenschleudern, mundgerecht zerpflücken. Möhren schälen, in feine Stifte teilen. Zucchini putzen, waschen und in dünne, schräge Scheiben aufschneiden. Salat und Zucchini anrichten. Aus Essig, Senf, Salz, Pfeffer und Öl eine Vinaigrette rühren, über den Salat träufeln. Das Ei pellen, Eiweiß fein hacken. Mit den Möhren und Keimlingen auf den Salat streuen, mit Zitronenmelisse garnieren.

Tofusalat mit Thunfisch und Sprossen

2 El Essig
2 El Sojasauce
Pfeffer
3 El Öl
2 Zwiebeln
250 g Möhren
200 g Sojasprossen
250 g Tofu
1 Dose Thunfisch
1 Bund Petersilie
1 kleiner Friséesalat

Für das Dressing Essig, Sojasauce, Pfeffer und Öl in einer großen Schüssel verrühren. Zwiebeln abschälen und würfeln, zugeben. Möhren in Scheiben schneiden, Sprossen abspülen. Tofu würfeln. Thunfisch in Stücke teilen. Petersilienblätter von den Stielen zupfen. Frisée zerpflücken. Salatzutaten und Sauce mischen. Vor dem Servieren etwas durchziehen lassen.

Hirsesalat mit Tofu

▷

150 g Hirse
350 ml (Instant-)Gemüsebrühe mit Hefe
100 g Tofu
1 Knoblauchzehe
1 El Weinessig
3 Stangen Staudensellerie
1 Möhre (ca. 150 g)
1 Orange
2 El Walnußöl
1 El Sonnenblumenöl
Saft einer Zitrone
weißer Pfeffer
1 Tl Apfeldicksaft
2 El grob gehackte Walnüsse

Hirse heiß abwaschen und in der Gemüsebrühe kurz aufkochen lassen, dann auf kleinster Stufe ca. 30 Minuten garen. Tofu mit einer aufgeschnittenen Knoblauchzehe einreiben, dann in kleine Würfel schneiden und mit Weinessig beträufeln, leicht salzen und ca. 1 Stunde stehen lassen. Staudensellerie waschen und in feine Streifen schneiden. Möhre schälen, halbieren und in feine Scheiben schneiden, Orange schälen und in dünne Scheiben schneiden. Aus Walnußöl, Sonnenblumenöl, Zitronensaft, Salz, Pfeffer und Apfeldicksaft eine Salatsauce herstellen, evtl. mit 2 El heißem Wasser auffüllen und mit den übrigen Zutaten vermischen. Den Salat ½ Stunde ziehen lassen und mit gehackten Walnüssen bestreuen.

Spargelsalat mit Linsensprossen und Bündner Fleisch

6-8 Portionen
500 g grüner Spargel
500 g weißer Spargel
1 El Zucker
8 El Zitronensaft
6 El Traubenkernöl
6 El Apfelessig
Salz
weißer Pfeffer
100 g Bündner Fleisch (in sehr dünnen Scheiben)
80 g Linsensprossen

Grünen Spargel waschen, die unteren Enden abbrechen. Weißen Spargel putzen und schälen. Schräg in mundgerechte Stücke schneiden. In ¼ l Wasser mit dem Zucker und 4 El Zitronensaft aufkochen. Den weißen Spargel 4 Minuten darin garen, dann den grünen zugeben, zugedeckt bei milder Hitze weitere 8 Minuten garen, mit einer Schaumkelle herausnehmen und abgetropft in eine flache Schüssel legen. Spargelsud auf ⅛ l einkochen, kräftig mit restlichem Zironensaft, Öl und Essig verschlagen. Die Marinade herzhaft mit Salz, Pfeffer und Zucker würzen. Über den Spargel gießen und 1 Stunde durchziehen lassen, dabei ab und zu wenden. Kurz vor dem Servieren das Bündner Fleisch in dünne Streifen schneiden. Linsensprossen abbrausen, gut abtropfen lassen und unter den Spargel mischen. Den Spargelsalat mit dem Bündner Fleisch auf Portionstellern hübsch anrichten und sofort servieren.

Buchweizensalat mit Gemüse und Rosinen ▷

200 g Buchweizen
½ l (Instant-)Gemüsebrühe mit Hefe
4 El Rotweinessig
1 Tl Ahornsirup oder Honig
Salz
Pfeffer
1 El Senf
4 El Sonnenblumenöl
3 El Rosinen
3 Möhren (150 g)
1 Zwiebel (100 g)
1 Apfel (100 g)
2 Tomaten (150 g)
1 Stengel glatte Petersilie

Buchweizen kurz mit kochendem Wasser überbrühen, dann in Gemüsebrühe ca. 15 Minuten bißfest kochen. Abtropfen und kalt werden lassen, Aus Essig, Ahornsirup oder Honig, Salz, Pfeffer, Senf und Öl eine Marinade herstellen. Evtl. mit 3 El heißem Wasser verlängern und die Rosinen darin einweichen. Ca. 20 Minuten stehenlassen. Inzwischen die Möhren und Zwiebeln schälen und sehr kleinschneiden, ebenfalls Apfel und Tomate würfeln. Alle Zutaten mit der Marinade vermischen und mit Petersilie garnieren.

Rote Bete auf Buchweizengrütze

2 Portionen
2 Knollen Rote Bete (à 180 g)
2 g getrocknete Steinpilze
2 Zwiebeln
80 g Buchweizen
20 g Butter
Salz
150 g Frühlingszwiebeln
1 Salz-Dill-Gurke (100 g)
100 g Sauerrahm (10 %)
2 El Dillspitzen

Rote Bete unter fließendem Wasser abbürsten und in Alufolie wickeln. Bei 200 Grad im Ofen 1 Stunde backen. 30 Minuten vor Ende der Garzeit die Steinpilze abbrausen und in ¼ l lauwarmem Wasser einweichen. Zwiebeln fein würfeln. Buchweizen in einem Sieb abspülen und abtropfen lassen. Zwiebeln in der Butter glasig dünsten. Dann den Buchweizen unterrühren. Nach und nach die Steinpilze mit ihrem Einweichwasser zugießen. Zugedeckt 15 Minuten ausquellen lassen. Salzen. Frühlingszwiebeln waschen, putzen und schräg in dünne Scheiben schneiden. Gurke würfeln. Beides unter die Grütze mischen und kurz durchziehen lassen. Rote Bete aus der Folie nehmen und schälen (oder mit der Schale essen). Die Buchweizengrütze auf Teller verteilen. Rote Bete vierteln, salzen und auf die Grütze setzen. Mit Sauerrahm begießen und nach Belieben mit grob gehacktem Dill bestreuen. Sofort servieren.

Bambussprossensalat

400 g Bambussprossen
(aus der Dose)
4 Tomaten
1 Zucchini
4 ausgelöste Scampi
Olivenöl
1 Tl frischgeriebener Ingwer
Zucker
Pfeffer
Zitronensaft
1 Bund Kerbel

Bambussprossen abtropfen lassen und in Streifen schneiden. Tomaten heiß überbrühen, abziehen, halbieren, entkernen und würfeln. Zucchini längs halbieren und in Scheiben schneiden. Scampi längs halbieren, in Scheiben schneiden. Olivenöl erhitzen, Ingwer kurz darin andünsten, Scampi zugeben und anbraten, wieder aus der Pfanne nehmen. Bambusstreifen und Zucchinischeiben zufügen, ca. 5 Minuten dünsten. Zum Schluß die Tomatenwürfel unterheben, mit Salz, Zucker, Pfeffer und Zitronensaft abschmecken und mit abgezupftem Kerbel bestreuen.

Fenchelrohkost mit Sprossen ▷

2-3 Fenchelknollen
1-2 gelbe Paprikaschote
1 Becher Sahnejoghurt
Saft einer halben Zitrone
½ Tl Honig
zerstoßener Koriander
schwarzer Pfeffer
1 El gekeimter Alfalfa-Samen

Die äußeren Blätter des Fenchels entfernen, Stiele abschneiden (Fenchelgrün aufbewahren) und halbieren. Paprika waschen, halbieren, Kerne entfernen und beides in dünne Streifen schneiden. Aus Sahnejoghurt, Zitronensaft, Honig, Koriander und Pfeffer eine Sauce herstellen und mit dem Gemüse vermischen. Mit Fenchelgrün und den gekeimten Sprossen bestreut servieren.

Möhrenrohkost mit Nüssen ▷

400-500 g Möhren
Saft einer Zitrone
5 El Sahne
½ Tl Honig
weißer Pfeffer
frischer Ingwer oder
Ingwerpulver
1-2 El gehackte Pistazien
Sahne zum Garnieren

Möhren waschen, schälen und fein raspeln. Mit Zitronensaft, Sahne, Honig und geschnittenem Ingwer vermengen. Auf 4 Tellern anrichten. Mit gehackten Pistazien bestreuen oder mit leicht angeschlagener Sahne garnieren.

Chinakohlsalat mit Roggenkörnern △

1 Staude Chinakohl
2-3 El Weinessig oder Zitronensaft
4 El Sonnenblumen- oder Walnußöl
1 zerdrückte Knoblauchzehe
1 Tl Senf
etwas Salz
Paprikapulver
2-3 El Roggenkörner

Roggenkörner in einem Topf ankochen und bei geringer Energiezufuhr ca. 40-50 Minuten ausquellen lassen. Äußere Blätter vom Chinakohl entfernen, Kohl unter fließendem Wasser waschen und kleinschneiden. Aus Essig, Öl, Knoblauch, Senf, Salz und Paprikapulver eine Sauce herstellen. Die Sauce mit dem Chinakohl und den Roggenkörnern gründlich vermengen, sofort servieren.

Käsesalat mit Bataten, Salbei und Dinkel

200 g Dinkel
2 Tl (Instant-)Gemüsebrühe
2 Bataten (ca. 300 g)
150 g Schafskäse
Vollkornmehl zum Wenden
1 Ei
3 El Vollkornsemmelbrösel
Fett zum Ausbacken
1 Bund Salbei
1 Apfel
150 g blaue Weintrauben
40 g ungesalzene Erdnüsse

Für die Sauce:
1 Becher Schmand
2 El Sojasauce
1-2 El Erdnußmus
Salz
frisch gemahlener Pfeffer
½ Tl Edelsüßpaprikapulver

Dinkel über Nacht in 400 ml Wasser einweichen. Im Einweichwasser mit Brühe aufkochen. Bei kleiner Hitze 30 Minuten ausquellen lassen. Bataten waschen und wie Pellkartoffeln 20 Minuten kochen. Kalt abspülen und schälen. Käsewürfel zuerst in Mehl, dann in verquirltem Ei, zuletzt in Semmelbröseln wenden. Käsewürfel nacheinander im Fritierfett ausbacken. Auf Küchenkrepp abtropfen lassen. Zum Schluß die Salbeiblättchen auf einer Schaumkelle kurz ins Fritierfett halten. Dinkel mit Apfelwürfeln, halbierten Weintrauben und Erdnüssen vermischen. Für die Sauce Schmand mit Sojasauce und Erdnußmus verrühren und mit Salz, Pfeffer und Paprika abschmecken. Salatzutaten mit der Sauce auf Tellern anrichten.

Frühlingssalat mit Sprossen und Ei

▷

1 Tasse Alfalfa-Sprossen
2-3 El Sprossen aus Sonnenblumenkernen
1 grüne Paprikaschote
1 Bund Radieschen
4 Stauden Chicorée
1 Kästchen Kresse
evtl. kleine, zarte Gänseblümchen zum Dekorieren

Für die Sauce:
Saft einer Zitrone
1 Tl Honig
Salz
weißer Pfeffer
2 El Walnußöl
2 El Sonnenblumenöl
4 Eier, etwas Essig

Alfalfa-Sprossen und Sprossen aus Sonnenblumenkernen nach 2-3 Tagen Keimzeit gut durchspülen und abtropfen lassen. Die Paprika entkernen und in feine Streifen, Radieschen in feine Scheiben und den Chicorée ebenfalls in Scheiben schneiden. Kresse abschneiden und waschen. Alles dekorativ auf vier Tellern anrichten. Alle Zutaten für die Sauce miteinander verrühren. Leicht gesalzenes Essigwasser zum Kochen bringen und die vier Eier nacheinander in eine Schöpfkelle aufschlagen und dann vorsichtig in das leicht kochende Wasser gleiten lassen. Ca. 5 Minuten leise köcheln und noch warm auf den Salat geben. Vorbereitete Sauce darübergießen und vor dem Servieren mit Gänseblümchen garnieren.

Frühlingssalat mit Mungobohnensprossen

<u>2 Portionen</u>
100 g Radicchio
125 g Eisbergsalat
60 g Zucchini
125 g Rettich
1 unbehandelte Orange
25 g Mungobohnensprossen
150 g Sauerrahm
Salz
schwarzer Pfeffer
1 kleine Knoblauchzehe
je 1 Bund Schnittlauch und Dill

Salatblätter vom Strunk lösen, gründlich waschen, gut abtropfen lassen und in mundgerechte Stücke zerteilen. Zucchini putzen, waschen, halbieren und in ca. 2 cm lange Stifte schneiden. Rettich waschen, schälen, in dünne Scheiben schneiden und diese zweimal halbieren. Von der Orange 1 Tl Schale abreiben, für das Dressing aufheben. Dann schälen und die Filets heraustrennen. Alle Zutaten in einer Schüssel anrichten und die Sprossen darüberstreuen. Für das Dressing Sauerrahm mit Salz, Pfeffer und Orangenschale verrühren. Knoblauch durch die Knoblauchpresse pressen, mit den feingehackten Kräutern unterrühren. Das Dressing gleichmäßig über den Salat gießen. Eventuell mit Dillblüten garnieren.

Reissalat mit Käsedressing

1 rote Zwiebel
2 El Öl
250 g Naturreis
¾ l (Instant-)Gemüsebrühe
⅛ l Weißwein
1 Lorbeerblatt
3 Zweige Liebstöckel
8 Radieschen
150 g Rettich
250 g Kohlrabi
75 g kräftiger Edelpilzkäse
1 Zitrone
Worcestersauce
Salz, Pfeffer
Cayennepfeffer
125 ml Sahne
2 Bund Schnittlauch
100 g Romanasalat (geputzt)
2 El geröstete Pinienkerne

Zwiebel würfeln, in heißem Öl glasig dünsten. Reis einstreuen, unter Rühren 5 Minuten braten. Heiße Brühe und Wein angießen, aufkochen. Lorbeer und Liebstöckel hinzufügen. Zugedeckt bei milder Hitze bißfest ausquellen lassen. Abkühlen lassen und dann die Kräuter herausnehmen. Radieschen, Rettich und Kohlrabi putzen und waschen oder schälen. Radieschen in Scheiben, Rettich in Stifte und Kohlrabi in kleine Rauten teilen. Käse mit einer Gabel zerdrücken. Zitronensaft zufügen, mit Worcestersauce, etwas Salz, Pfeffer und Cayennepfeffer würzen. Mit der Sahne cremig rühren. Schnittlauch waschen, in Röllchen schneiden (vorher etwas Schnittlauch zum Garnieren beiseitelegen), unter das Dressing rühren. Den Reis damit anmachen, Gemüse unterheben und zugedeckt einige Stunden ziehen lassen.
Vor dem Servieren die Salatblätter untermischen, nochmals abschmecken. Pinienkerne und Schnittlauch aufstreuen.

Bunter Weizensalat

△

ca. 150-200 g Weizenkörner
je 1 rote und grüne Paprikaschote

Für die Sauce:
3-4 El Weizenkeimöl
2-3 El herben Wein
Salz
1 Prise Zucker
1 Tl Senf
Pfeffer
1 Knoblauchzehe

Weizenkörner nach dem Einweichen ca. 50-60 Minuten bei kleiner Flamme kochen. Paprikaschoten waschen, weiße Haut und Kerne entfernen und in kleine Würfel schneiden. Die Zutaten für die Sauce miteinander verquirlen und den Salat damit anmachen, ca. 1 Stunde durchziehen lassen, hübsch garnieren und sofort servieren.

Hafersalat mit Staudensellerie

▷

ca. 300 g Haferkörner
ca. 550 ml (Instant-)Gemüsebrühe
1 Zwiebel
6-8 Stangen Staudensellerie
4 Möhren

Für die Sauce:
4-5 El Rotweinessig
1 El mittelscharfer Senf
Salz
Pfeffer
Curry
1 Tl Honig
5 El Sonnenblumen- oder Walnußöl
Schnittlauchröllchen zum Garnieren

Die Haferkörner einige Stunden in Gemüsebrühe einweichen, dann mit der Brühe ca. 30 Minuten kochen. Abgießen und abkühlen lassen. Zwiebel schälen und würfeln. Staudensellerie putzen und in kleine Scheiben schneiden. Möhren schaben und sehr grob raspeln. Die Saucenzutaten miteinander verrühren und alles mit den Körnern und dem Gemüse vermischen. Mit Schnittlauch bestreut sofort servieren.

Asiatischer Reissalat

300 g Rinderlende
4 El Sojasauce
3 El trockener Sherry
1 Tl Speisestärke
20 g getrocknete chinesische Mu-Err-Pilze
½ l (Instant-)Hühnerbrühe
250 g Basmati-Reis
3 Frühlingszwiebeln
150 g Bohnenkeime
1 Knoblauchzehe
1 Stück frischer Ingwer (haselnußgroß, ersatzweise 1 Tl Ingwerpulver)
6 El Öl, 3 El Essig
1 El Zucker
Salz, Pfeffer
150 g rote Johannisbeeren

Rinderlende in dünne Scheibchen schneiden. In einer Marinade aus je 1 El Sojasauce und Sherry sowie der Stärke 1 Stunde ziehen lassen. Pilze abbrausen, überbrühen und ½ Stunde einweichen. Brühe aufkochen, 2 El Sojasauce und 2 El Sherry einrühren. Reis zufügen und auf kleinster Stufe zugedeckt 15-20 Minuten köcheln. Abkühlen lassen. Inzwischen die Frühlingszwiebeln waschen und putzen, schräg in feine Ringe schneiden. Bohnenkeime waschen. Knoblauch und Ingwer schälen, fein hacken. Das Fleisch portionsweise in 2 El Öl 1 Minute anbraten, herausnehmen. Knoblauch und Ingwer im übrigen Öl kurz dünsten, dann den Zucker, Essig und die Marinade vom Fleisch einrühren. Einmal aufkochen lassen. Mit Sojasauce, Salz und Pfeffer abschmecken. Vom Herd nehmen. Pilze abtropfen lassen, grob zerteilen. Mit den Frühlingszwiebeln, Bohnenkeimen und der Sauce unter den Reis mengen. Einige Stunden ziehen lassen. Vor dem Servieren Johannisbeeren abspülen, von den Rispen streifen und unter den Salat mischen. Nochmals abschmecken. Das Fleisch darauf anrichten.

Roggensalat mit Lauch und Tofuwürfeln ▷

180 g Roggenkörner
1 kleine Stange Lauch
1 Bund Radieschen
4 El Sonnenblumenöl
2-3 El Weinessig oder
Zitronensaft, Salz,
schwarzer Pfeffer
½ Tl Apfelsaftkonzentrat
125 g Tofu
1 Bund Schnittlauch

Roggenkörner einige Stunden einweichen, dann zusammen mit dem Einweichwasser ca. 40 Minuten weich kochen. Lauch und Radieschen gut waschen und in feine Scheiben schneiden. Öl, Essig, Gewürze und 2-3 El Wasser mischen, Tofu in kleine Würfel schneiden und darin ca. 30 Minuten einlegen. Danach alles miteinander mischen. Evtl. nochmals nachwürzen und mit Schnittlauch garnieren.

Karottenrohkost mit Rosinen, Nüssen und Tofusauce ▷

250 g Möhren
50 g Rosinen
50 g Walnüsse
125 g Tofu
3-5 El Sahne
1 Tl Honig
Saft einer halben Zitrone
1 Prise Ingwer
wenig Koriander

Möhren schälen oder gut bürsten, mittelfein reiben. Rosinen kurz in warmem Wasser einweichen, Nüsse hacken. Tofu, Sahne, Honig, Zitronensaft und Gewürze vermixen. Alle Zutaten mit der Sauce vermengen. Einige Minuten durchziehen lassen.

Rotkohlsalat mit Sesam und Tofubröseln ▷

1 kleiner Rotkohl
(ca. 300-400 g)
1 Zwiebel, Salz
4 El Sonnenblumenöl
2-3 El Weinessig
weißer Pfeffer
evtl. 1 Prise Zucker
2 El Sesam
125 g Tofu

Rotkohl waschen und fein schneiden oder hobeln. Zwiebel sehr fein würfeln, mit Öl, Essig, Salz, Pfeffer und Zucker mischen und leicht »stampfen«. Ca. 30 Minuten gut abgedeckt stehenlassen. Sesam in der Pfanne kurz anrösten und mit dem Rotkohl vermischen. Tofu mit den Händen zerbröseln und ebenfalls untermischen.

Hensel
Soja-Kost

Pfirsich-Fenchel-Salat mit Bulgur

440 g Bulgur (Hartweizengrütze)
100 ml (Instant-)Gemüsebrühe
2 Pfirsiche
1 Fenchelknolle (ca. 200 g)
2 El Zitronensaft
1 Handvoll kleine Radieschenblätter
1 El Weißweinessig
Pfeffer
Salz
4 El Distelöl
1 Becher Sahnejoghurt

Bulgur in einer Pfanne ohne Fett langsam goldbraun rösten, dabei ständig rühren. Brühe zugießen und einmal aufkochen lassen. 10 Minuten quellen lassen, bis die Grütze alle Flüssigkeit aufgenommen hat, abkühlen lassen. Pfirsiche waschen, in schmale Spalten schneiden. Fenchel halbieren, in sehr dünne Scheiben schneiden. Beides mit Zitronensaft beträufeln. Fenchelgrün bis auf 4 Ästchen hacken. Radieschenblätter waschen und gut abtropfen lassen. Aus Essig, Pfeffer, Salz und Öl eine Vinaigrette rühren. Pfirsiche und Fenchel auf Portionstellern anrichten. Radieschenblätter durch die Vinaigrette ziehen und abgetropft auf den Tellern anrichten. Restliche Vinaigrette über den Fenchel träufeln. Joghurt auf die Mitte der Teller geben, mit Fenchelgrün garnieren. Bulgur mit einer Gabel auflockern und über den fertigen Salat streuen. Sofort servieren.

Leckere Salate mit Fisch und Schaltieren

Salat »Wintermärchen«

(Bild Seite 147)

500 g Weißkohl
1 rosa Grapefruit
2 Kiwis
100 g Kirschtomaten
3 El Sherry-Essig
1 Tl Curry
1 Prise Piment
6 El Salatöl
Salz
Pfeffer
½ Riesengarnelen
(ohne Schale)
Saft einer halben Zitrone
1 El Butter
100 g feingehackte getr. Datteln
½ Bund Basilikum
Salz
Pfeffer

Weißkohl von den äußeren Blättern befreien, vierteln und den Strunk entfernen. In sehr feine Streifen schneiden, die geschälte Grapefruit und die Kiwis in kleine Stücke schneiden, Kirschtomaten halbieren. Alles zusammen in eine Schüssel geben. Essig, Curry, Piment und Öl miteinander verrühren und mit Salz und Pfeffer abschmecken. Salatzutaten damit vermischen und auf einer Platte anrichten. Garnelen würzen, mit Zitronensaft beträufeln, Butter in einer Pfanne erhitzen, die Garnelen mit den Datteln darin anbraten und mit gehacktem Basilikum bestreuen. Auf dem Salat verteilen und sofort servieren.

Fischsalat mit Orangen

▷

500 g Fischfilet
Saft einer Zitrone
1 Tl Salz
4 Orangen (ca. 800 g)
1 Avocado (ca. 250 g)
40 g Mandelstifte

Für die Salatsauce:
125 g Crème fraîche
1 Bund frische Kräuter
3 El Kräuteressig
Saft einer Orange
2 El Kräuterremoulade
Salz
weißer Pfeffer
½ Tl Zucker

Fisch gut unter fließendem Wasser waschen. Zitronensaft mit ½ l Wasser und etwas Salz zum Kochen bringen, Fisch hineingeben und 10-15 Minuten garziehen lassen. Orangen schälen und die weiße Haut entfernen. Die Zutaten für die Sauce miteinander verrühren und abschmecken. Avocado halbieren, den Kern und das Fruchtfleisch mit einem scharfen Löffel herauslösen. In mundgerechte Stücke schneiden. Sofort in die Salatsauce geben. Orangen filetieren und mit den Mandelstiften ebenfalls in die Sauce geben. Den abgetropften, ausgekühlten Fisch zerpflücken, zum Salat geben und vorsichtig alles miteinander vermischen. Durchziehen lassen und vor dem Servieren nochmals kräftig abschmecken.

Bohnensalat mit geräucherter Makrele

100 g rote Bohnen (aus der Dose)
1 Zwiebel
1 Knoblauchzehe
3 El Essig
2 El Öl
Salz
Pfeffer
Thymian
3-4 Blatt Lollo Rosso
1 ganze geräucherte Makrele (ca. 270 g)

Bohnen abseihen, Zwiebel in Ringe schneiden, Knoblauch fein hacken. Aus Essig, Öl, Salz, Pfeffer, Thymian und Knoblauch eine Marinade rühren, Bohnen und Zwiebel untermengen. Salat waschen und zerpflücken. Filetierte Makrele in Stücke teilen. Salat unter die Bohnen heben, anrichten, mit Fischstücken belegen.

Kartoffelsalat mit Kabeljau

4-6 Portionen
500 g kleine Kartoffeln (festkochend)
Salz
200 ml Gemüsefond (aus dem Glas)
50 ml Weißweinessig
1 weiße Zwiebel
2 rote Zwiebeln
30 g Kapern
6 El Zitronensaft
400 g Kabeljau
150 g Grönlandkrabbenfleisch
weißer Pfeffer
1 Handvoll Kerbel
60 g Frühstücksspeck
2 Knoblauchzehen
6 El Öl

Kartoffeln in der Schale kochen, pellen und in Scheiben schneiden. In eine Schüssel geben und lagenweise salzen. Mit dem erhitzten Gemüsefond und Essig übergießen. Zwiebeln in dünne Ringe schneiden, mit den Kapern unter die Kartoffeln mischen. Den Salat 45 Minuten durchziehen lassen, dabei gelegentlich vorsichtig wenden. Inzwischen ca. 1 Liter Wasser mit 2 El Zitronensaft und Salz aufkochen. Den Kabeljau zugedeckt bei ausgeschalteter Herdplatte 15 Minuten ziehen lassen. Etwas abkühlen lassen, dann zerpflücken, dabei Haut und Gräten entfernen. Fisch und Krabben mit dem restlichen Zitronensaft beträufeln, mit Salz und Pfeffer würzen. Die Hälfte des Kerbels hacken und untermischen. Zugedeckt 15 Minuten marinieren. Inzwischen den restlichen Kerbel abzupfen. Speck fein würfeln. Knoblauch hacken. Den Speck im Öl knusprig ausbraten. Knoblauch zugeben und kurz mitbraten, mit den Kartoffeln mischen. Fisch und Krabben locker untermischen. Mit restlichem Kerbel garnieren.

Scampisalat

8 kleine Scampis (gekocht)
4 Grapefruits
1 Friséesalat
1 rote Paprikaschote
250 g grüner Spargel
100 g Champignons
1 Kästchen Kresse
1 Zitrone
Salz
Pfeffer

Für die Marinade:
3 El Essig
4 El Sherry
ca. ⅛ l Olivenöl
Salz
Pfeffer

Scampis schälen. Grapefruits aushöhlen, Fruchtfleisch in Stücke schneiden. Friséesalat waschen, fein zupfen, Stiele fein hacken. Spargel und Champignons in Scheiben schneiden. Kresse vom Beet schneiden. Alle Zutaten außer Scampis vermischen und mit Salz und Pfeffer würzen. Zutaten für die Marinade verquirlen und alles mischen. Zitrone in Scheiben schneiden. Salat in die Grapefruitschalen füllen und zwei Scampis und eine Zitronenscheibe hineinlegen. Restlichen Salat in einer Schüssel dazustellen.

▷

Spinatsalat mit Krebsdressing

250 g zarte Spinatblättchen
8 gekochte Krebsschwänze
(ersatzweise 2 El Krebsbutter)
6-7 El Olivenöl
1 Msp. gehackter Knoblauch
1 El Weinbrand
¼ l Weißwein
⅛ Sahne
Salz
Cayennepfeffer
1 El Tomatenpüree
1 El Zitronensaft
1 Eigelb

Zum Würzen des Spinats:
Olivenöl, Salz
heller Weinessig

Spinat sorgfältig waschen, putzen und trockenschleudern. Für das Dressing die Krebsschalen ablösen, mit einem Nudelholz zerkleinern. In 2 El heißem Öl kräftig anrösten. Knoblauch dazugeben, kurz anbraten. Weinbrand unter Rühren zugeben. Wein angießen, salzen und pfeffern. Bei kräftiger Hitze unter Rühren ca. 15 Minuten kochen. Durchsieben und die Flüssigkeit mit der Sahne, Tomatenpüree und Zitronensaft sämig einkochen. Auf Handwärme abkühlen lassen, dann das Eigelb einschlagen und nach und nach das restliche Olivenöl. Das Dressing soll jetzt cremig-dick sein. Mit Salz und Pfeffer abschmecken. Beim Anrichten die Spinatblätter auf Teller verteilen und jede Portion mit etwas Olivenöl und dem mit einer Prise Salz verrührten Essig beträufeln. Das krebsrote Dressing in Tupfen dazugeben, mit Krebsschwänzen garnieren.

Surimi-Papaya-Salat

6-8 Portionen
1 rote Paprikaschote
150 g frische Mungobohnensprossen
3 Orangen
1 Papaya
500 g Surimistäbchen
(Krebsfleischersatz)
50 g rote Zwiebel
einige frische Minzeblättchen
8 El süß-scharfe Chilisauce
Tabasco
Salz
1 Tl dunkles Sesamöl
4 El Öl
2 Limetten

Paprikaschote waschen, putzen und zuerst in Streifen, dann schräg in kleine Rauten schneiden. Die Sprossen putzen, kalt abspülen und gut abtropfen lassen. Orangen schälen, dabei die weiße Haut vollständig entfernen. Früchte filetieren, dabei den Saft auffangen und aus den Rückständen pressen. Die Papaya schälen und halbieren, Kerne mit einem Löffel herausschaben, in dünne Spalten schneiden. Die Surimistäbchen schräg in 1 cm breite Stücke schneiden. Zwiebel fein würfeln. Alles zusammen mit den Minzeblättchen in eine Schüssel geben. Für die Sauce die Chilisauce mit einem Spritzer Tabasco, Orangensaft, Salz, Sesamöl und Öl verrühren. Vorsichtig mit dem Salat mischen. Die Limetten sechsteln, Salat mit Limettensaft beträufeln.

Avocadosalat mit Graved Lachs

△

1 gelbe Paprikaschote
4 El Walnußöl, Pfeffer
5 Tl Limonensaft, Salz
2 Avocados (à ca. 200 g)
8 Scheiben Graved Lachs
4 Dillsträußchen

Paprikaschote würfeln. Das Walnußöl mit 2 Tl Limonensaft, Salz und Pfeffer verrühren. Paprikawürfel dazugeben. Avocados schälen, längs halbieren und vom Kern befreien. Avocadohälften quer in Scheiben schneiden, mit Limonensaft beträufeln. Graved Lachs und Avocadoscheiben anrichten, Vinaigrette obenauf geben. Mit Dillsträußchen garnieren.

Jakobsmuscheln und Steinpilze in Portweinvinaigrette

50 g Feldsalat
1 kleiner Friséesalat
50 g Schalotten
½ Bund glatte Petersilie
200 g Steinpilze
12 (TK-)Jakobsmuscheln
6 El Öl
3 El Sherryessig
100 ml roter Portwein
Salz
weißer Pfeffer

Salat putzen, waschen und trockenschleudern. Schalotten pellen und fein würfeln. Petersilie fein hacken. Pilze putzen und mit einem Tuch abreiben, dann senkrecht in 3-4 mm dicke Scheiben schneiden. Jakobsmuscheln kalt abspülen und trockentupfen. Den Salat auf Tellern anrichten. 2 El Öl in einer Pfanne bei mittlerer Hitze heiß werden lassen. Steinpilzscheiben darin von jeder Seite 1-2 Minuten braten, dann warm stellen. 2 El Öl in die Pfanne geben und die Muscheln darin von jeder Seite 2 Minuten bei kleiner bis mittlerer Hitze braten, warm stellen. Restliches Öl in die Pfanne geben, heiß werden lassen und die Schalottenwürfel darin glasig dünsten. Mit Essig ablöschen, aufkochen lassen, Portwein zugießen, salzen und pfeffern. Steinpilze und Jakobsmuscheln salzen und pfeffern, auf den Tellern mit dem Salat anrichten. Petersilie zur warmen Vinaigrette in die Pfanne geben, mischen, dann über den Salat geben. Sofort warm servieren.

Marinierte Scampi in Fenchel

12 frische Scampi
4 cl Anisschnaps
Saft einer Limette
3 El Kräuteröl
Salz
Pfeffer
1 Msp. gem. Chili
4 kleine Fenchelknollen
½ Bund Zitronenmelisse
150 g Mascarpone
2 Tl rosa Pfefferkörner
2 El Butter

Scampi aus der Schale lösen, am Rücken entlang aufschlitzen und den Darm entfernen. Anisschnaps mit Limettensaft, Kräuteröl, Salz, Pfeffer und Chili verrühren. Scampi auf eine Platte legen, mit der Mischung beträufeln, zugedeckt im Kühlschrank 2 Stunden ziehen lassen. Fenchel waschen, das Grün beiseitelegen. Die Knollen in einzelne Blätter teilen und 12 kleine, zarte Blätter auf eine Platte legen, den Rest anderweitig verwenden. Zitronenmelisse abbrausen, abzupfen und mit etwas Fenchelgrün fein hacken. Mit Mascarpone und den fein zerstoßenen Pfefferkörnern in eine Schüssel geben. Scampi aus der Marinade nehmen, abtupfen und in heißer Butter rundum ca. 3 Minuten braten. Restliche Marinade in die Schüssel gießen, alles verrühren, abschmecken und den Mascarpone in die Fenchelblätter verteilen. Scampi lauwarm hineinsetzen.

Kartoffelsalat mit Lachsstreifen

▽

1 kg Salatkartoffeln
200 ml (Instant-)Fleischbrühe
2 El Essig
5 El Öl
1 El mittelscharfer Senf
150 g Frischkäse
Salz, Pfeffer
1 Bund Brunnenkresse
200 g Räucherlachs

Kartoffeln garen. Für die Marinade die Brühe mit Essig, Öl, Senf, Frischkäse, Salz und Pfeffer verrühren. Brunnenkresse putzen. Lachs schneiden. Kartoffeln in dünne Scheiben schneiden, mit der Frischkäsemarinade anmachen.

Bananensalat mit Krabben

▷

1 Ei
1 Tl scharfer Senf
2 El Zitronensaft
Cayennepfeffer
Salz
3 El Öl
150 g Magerjoghurt
1 El Sahne
1 Bund Schnittlauch
1 Bund Petersilie
2 Bananen
1 Orange
200 g frische Ananas
1 säuerlicher Apfel
200 g Möhren
250 g Krabben

Für die Joghurtmayonnaise das Ei mit Senf, Zitronensaft, einer kräftigen Prise Cayennepfeffer und Salz verrühren. Das Öl zuerst tropfenweise, dann in feinem Strahl in die Eimasse einrühren. Joghurt, Sahne und die feingehackten Kräuter untermischen. Bananen, Orange und Ananas in Stücke schneiden. Apfel und Möhren schälen und raspeln. Das Obst, die Möhren und Krabben mit der Joghurtmayonnaise mischen. Alles gut miteinander durchmischen und sofort servieren.

Austernsalat mit Avocados

30 Austern
(am besten flache irische)
3-4 El Limettensaft
3 reife Avocados (à 250 g)
300 g kleine weiße Champignons
50 g Schalotten
1 kleiner Bund Basilikum
2 El Weißweinessig
Salz
Pfeffer
Zucker
80 ml Öl

Austern öffnen. Das Austernfleisch mit einer Gabel aus der Schale nehmen und in ein feines Sieb geben. Austernwasser in einem Topf auffangen und einmal aufkochen lassen. Austern in den Sud geben, Topf von der Herdplatte ziehen und die Austern im Sud ziehen lassen. Limettensaft in eine Schüssel geben. Avocados schälen, mit einem kleinen Kugelausstecher ausstechen, im Limettensaft wenden und kalt stellen. Champignons putzen und in feine Scheiben schneiden. Schalotten pellen und fein würfeln. Basilikumblätter fein zerpflücken. Aus 2 El Austernsud, Essig, Salz, Pfeffer, einer Prise Zucker und Öl eine Vinaigrette rühren. Schalotten, Avocados und Champignons zugeben, mischen und 15 Minuten ziehen lassen. Austern in einem Sieb abtropfen lassen und zuletzt mit dem Basilikum unter den Salat mischen. Mit Baguette servieren.

Lauwarmer Langustensalat auf gelben Paprikastreifen

1,3 kg gelbe Paprikaschoten
3 rote Chilischoten
Salz
2 rohe Langustenschwänze (á 220-250 g)
1 Langustensud
1 Handvoll Kerbel
2-3 El Weißweinessig
schwarzer Pfeffer
Zucker
70 ml Traubenkernöl

Für den Langustensud:
100 g Möhren
50 g Zwiebel
¼ Tl Salz
einige Pfefferkörner
glatte Petersilie
1 Lorbeerblatt
¼ unbehandelte Zitrone
100 ml trockener Weißwein

Paprikaschoten längs halbieren, entkernen, waschen und mit der runden Seite nach oben auf ein Backblech legen. 10 Minuten grillen. Herausnehmen, mit einem feuchten Tuch bedecken, kurz abkühlen lassen, häuten und in feine Streifen schneiden. Chilischoten längs aufschneiden, entkernen, waschen, fein würfeln, mit den Paprikastreifen mischen. Mit Salz würzen. Für den Sud die Möhren putzen, in Scheiben schneiden, Zwiebel in Ringe schneiden. Beides in 2 l Wasser mit Salz, Pfefferkörnern, Petersilie, Lorbeerblättern und Zitrone 30 Minuten im geschlossenen Topf kochen lassen. Zuletzt mit dem Weißwein aufkochen lassen. Langustenschwänze in den sprudelnden Sud geben. Zugedeckt 2 Minuten kochen lassen. Den Topf von der Herdplatte nehmen, 15 Minuten ziehen lassen, Schwänze kalt abschrecken, abkühlen lassen, aus dem Panzer brechen und entdarmen, halbieren und in feine Scheiben schneiden. Kerbel von den Stielen zupfen, einige Blättchen zum Garnieren beiseitelegen, den Rest grob hacken. Aus Essig, Salz, Pfeffer, einer Prise Zucker und Öl eine Vinaigrette rühren, Kerbel zugeben. Paprikastreifen auf 4 Tellern verteilen, darauf je einen halben Langustenschwanz wieder zusammensetzen und mit der Vinaigrette beträufeln. Im Ofen bei 200 Grad ca. 5 Minuten erwärmen, mit den restlichen Kerbelblättchen bestreut servieren.

Raukesalat mit Sardellensauce

6 Portionen
6 Sardellenfilets
2 Knoblauchzehen
1 El Kapern, Pfeffer
1 Bund glatte Petersilie
10-12 Minzeblätter
6 El Olivenöl
2 El Zitronensaft
200 g Raukesalat
200 g Löwenzahnsalat (im Winter Chicore)

Sardellenfilets abspülen, grob zerhacken. Sardellenfilets und Knoblauch mit Kapern, Petersilien- und Minzblättern fein hacken. Öl und Zitronensaft unterrühren und mit Pfeffer würzen. Salate putzen, grob zerzupfen und waschen, gut abtropfen lassen. Dann mit der Sauce mischen und vor dem Servieren noch 10 Minuten durchziehen lassen.

Apfel-Matjes-Salat

△

4 küchenfertige Matjesfilets
4 hartgekochte Eier
4 feinsäuerliche Äpfel (500 g)
2 El Zitronensaft, Salz
3 Gewürzgurken, Pfeffer
100 g Salatmayonnaise
etwas Gurkensud
Dill zum Garnieren

Die Matjesfilets 1 Stunde in Mineralwasser wässern, dann in Streifen schneiden. Eier schälen, aus einem Ei das Eigelb herauslösen, hacken und zum Garnieren aufbewahren, restliche Eier und Gurken würfeln. Äpfel waschen, vierteln und würfeln. Sofort mit Zitronensaft beträufeln und mit den übrigen Zutaten vermischen. Die Mayonnaise mit dem Gurkensud verrühren, unter den Salat ziehen und abschmecken. Mit gehacktem Eigelb und Dill garnieren. Dazu paßt Schwarzbrot.

Blattsalat mit Räucherforelle

▷

¼ Kopf Eichblattsalat
2 Bund Rucola
½ Netzmelone
1 Kästchen Kresse
2 El Zitronensaft
4 El Sonnenblumenöl
80 ml Kefir, Salz
3 Tl Sahne-Meerrettich
weißer Pfeffer
4 geräucherte Forellenfilets

Eichblattsalat und Rucola putzen, waschen und zerpflücken. Melone entkernen und mit einem Teelöffel Kugeln ausstechen. Kresse abschneiden. Für das Dressing Zitronensaft und Sonnenblumenöl verrühren, mit Salz würzen. Alle Zutaten in eine Schüssel geben, mit dem Dressing vermengen und auf Tellern anrichten. Kefir mit Sahne-Meerrettich, Salz und Pfeffer verrühren. Die Forellenfilets in schmale Streifen schneiden, auf dem Salat anrichten und mit der Sauce begießen.

Roher Champignonsalat mit Krabben

125 g Champignons
1 El Zironensaft
1 Schalotte
100 g Krabben
2 El Crème fraîche
½Tl Meerrettich
Salz,
Pfeffer
1 Tl Himbeeressig
1 Tl gehackter Dill
4 Zweige Dill zum Garnieren

Champignons putzen, wenn nötig kurz waschen und in feine Scheibchen schneiden. Mit Zitronensaft beträufeln. Schalotte schälen, in winzige Würfel schneiden und mit den Krabben zu den Pilzen geben. Crème fraîche mit Meerrettich, Salz, Pfeffer und Essig zu einer glatten Sauce verrühren und über die Salatzutaten gießen. Dill dazugeben, locker vermischen. Den Salat auf Teller verteilen, mit Pfeffer bestreuen und mit Dill garnieren.

Karpfensalat

ca. 250 g Fleisch von gekochtem Karpfen
1 Glas schlesische Gurkenhappen (185 g)
2 Eigelb
⅛ l Öl
1 Becher Sauerrahm
3 El geriebener Meerrettich
Pfeffer
Salz
1 Apfel
1 Bund Schnittlauch

Karpfenfleisch in kleine Stücke teilen, dabei alle Gräten entfernen. 6 Tl Gurkenwasser mit dem Eigelb verschlagen, Öl unterschlagen, bis eine dicke Mayonnaise entsteht. Sauerrahm, Meerrettich, Pfeffer und Salz zugeben, abschmecken. Gurkenhappen vierteln, Apfel schälen, vierteln und in Spalten schneiden. Karpfen, Gurke und Apfel unter die Mayonnaise rühren, mit Schnittlauchröllchen bestreut servieren.

Bohnensalat mit Muscheln

12 Portionen
350 g Borlottibohnen (aus ital. Läden)
3 kg Miesmuscheln
2 rote Zwiebeln
1 Bund Staudensellerie
½ Bund Basilikum
6 El Balsamessig
2 getrocknete Chilischoten
8 El Olivenöl
30 g kleine Kapern

Am Vortag die Bohnen in 1½ l Wasser einweichen. Am nächsten Tag im Einweichwasser bei milder Hitze zugedeckt 1½-2 Stunden garen, anschließend abgießen. Inzwischen die Muscheln waschen, putzen, geöffnete wegwerfen. Tropfnaß in eine Pfanne geben. Mit Deckel bei milder Hitze 15 Minuten dämpfen. Die Pfanne dabei ab und zu durchrütteln. Abgekühlte Muscheln aus den Schalen lösen. Muschelfleisch im Sud zugedeckt warm halten. Zwiebeln in sehr dünne Ringe schneiden. Weiße Teile und zarte Blätter vom Staudensellerie fein hacken. Basilikum in feine Streifen schneiden. Essig, zerriebene Chilischoten und Öl verrühren, mit allen vorbereiteten Zutaten und abgetropften Kapern mischen. Den Salat ½ Stunde bei Zimmertemperatur durchziehen lassen.

Sildsalat mit Endivie

1 Staude Endiviensalat mit hellem Herz
2 rote Zwiebeln
1 Bund Radieschen
1 kleine Gurke
2 Gläschen Kräuter-Sild (in Kräuter-Aufguß eingelegte Matjesfilets, abgetropft 270 g)
4 El Walnußöl
3 El Apfelessig
Salz
weißer Pfeffer
100 g Walnußkerne
1 Bund krause Petersilie

Endviensalat waschen, dunkelgrüne Blätter abschneiden, das Wasser sehr gut abschütteln. Endivie in sehr schmale Streifen schneiden und auf einer Salatplatte anrichten. Zwiebeln in dünne Ringe schneiden, auf der Mitte des Salates verteilen. Radieschen abbrausen, Wurzeln und Stielansätze abschneiden. Radieschen in Scheibchen schneiden. Gurke waschen, schälen und ebenfalls in Scheibchen schneiden. Beides auf dem Salat anrichten. Matjesfilets gut abtropfen lassen und in Stückchen schneiden. Über dem Salat verteilen. Aus Walnußöl, Essig, Salz und Pfeffer eine Marinade rühren und über dem Salat verteilen. Zum Schluß die Walnußkerne grob zerkleinern und über den Salat streuen. Gehackte Petersilie über dem Salat verteilen.

Kartoffelsalat mit Matjes

△

800 g Kartoffeln, Salz
200 g Matjes, Pfeffer
Saft einer halben Zitrone
1 Bund Radieschen
1 Pckg. Sauerrahm-Dressing mit Knoblauch, 1 Bund Schnittlauch

Kartoffeln garen. Matjesfilets abwaschen, in ½ cm breite Streifen schneiden, pfeffern und in dem Zitronensaft marinieren. Geputzte Radieschen und gepellte Kartoffeln in Scheiben schneiden.

Kartoffelscheiben und Matjes-Streifen mit Marinade und dem Sauerrahm-Dressing vermischen. Den Salat anrichten und mit Radieschen-Scheiben und Schnittlauchröllchen bestreuen.

Spanischer Salat mit Sardellenfilets

▷

1 Friséesalat
4 Orangen
4 kleine Fleischtomaten
1-2 rote Zwiebeln
12 Sprotten
8 Sardellenfilets in Öl
3 hartgekochte Eier
50 g Forellenkaviar
6-8 El Olivenöl
2 El Weinessig, Salz
schwarzer Pfeffer

Salat portionsweise anrichten: Waschen, gut trocknen und große Teller damit auslegen. Orangen dick schälen, quer in Scheiben schneiden, Enden ausdrücken und den Saft auffangen. Tomaten in Scheiben oder Achtel schneiden, Zwiebeln in dünne Ringe. Eier pellen und vierteln. Orangen, Tomaten und die Eiviertel mit Kaviar in jeweils 2 Portionen auf die Salatblätter legen. Sprotten (evtl. halbiert) dazwischen anordnen. Sardellen in Stückchen schneiden und darüberstreuen. Salz und frisch gemahlenen Pfeffer überstreuen. Weinessig und Olivenöl verrühren, darübergießen.

Tintenfischsalat mit Paprika und Knoblauch

300 g kleine Tintenfische (küchenfertig)
1 Zwiebel
1 Lorbeerblatt
2 Gewürznelken
1 Tl schwarze Pfefferkörner
12 Tl Fenchelsamen
Salz
1 Bund Frühlingszwiebeln
je ½ rote und grüne Paprikaschote
50 g mit Paprika gefüllte grüne Oliven
1 Bund glatte Petersilie
2 Knoblauchzehen
6 El Olivenöl
3 El Weißweinessig
2 El Zitronensaft
Pfeffer
½ Tl Oregano

Zum Garnieren:
1 Kopfsalatherz
2 Tomaten
2 hartgekochte Eier

Tintenfische außen und innen gründlich abspülen. Reste von Häutchen dabei abziehen. Zwiebel grob würfeln und mit den Gewürzen, ½ Tl Salz, den Tintenfischen und ½ l Wasser in einen Schnellkochtopf geben. 8-10 Minuten garen, im Sud erkalten lassen. Frühlingszwiebeln putzen, in dünne Ringe schneiden. Paprikaschoten halbieren, entkernen, achteln und in dünne Streifchen schneiden. Oliven in Scheiben schneiden. Petersilie abspülen, fein hacken. Knoblauch mit ½ Tl Salz im Mörser zerreiben. Aus dem Knoblauchsalz, Olivenöl, Essig, Zitronensaft, 3 El der Fischbrühe und einer guten Prise Pfeffer in einer Schüssel eine Marinade rühren. Die abgekühlten Tintenfische abtropfen lassen, in mundgerechte Stücke schneiden. Mit den vorbereiteten Zutaten zur Marinade in die Schüssel geben und alles gut vermengen. Salat kräftig abschmecken und 30 Minuten zugedeckt durchziehen lassen. Vor dem Servieren nochmals abschmecken, Oregano überstreuen und auf einer Platte auf den Salatblättern mit Tomaten- und Ei-Achteln garniert anrichten.

Graved Lachs mit Grapefruit

▽

8 Scheiben Graved Lachs
2 Grapefruits
Saft einer halben Zitrone
1 Zitrone in Scheiben
Salz, weißer Pfeffer

Für die Sauce:
2 Eigelb, 1 Tl Essig
1 Tl Senf
1 Msp. Senfpulver
1 Tl Honig, Salz
⅛ Olivenöl, Pfeffer

Lachsscheiben mit Zitronensaft beträufeln, mit etwas Pfeffer bestreuen. Grapefruits filetieren. Die Filets in den Lachs einwickeln und auf die Zitronenscheiben legen. Für die Sauce Eigelb und Essig aufschlagen, Senf, Senfpulver und Honig daruntermischen. Olivenöl tropfenweise einrühren. Mit Salz und Pfeffer abschmecken.

Pikanter Radicchiosalat

2 Sardellenfilets
2 El Rotweinessig
2 El Zitronensaft
schwarzer Pfeffer
4 El Olivenöl
1 kleine Knoblauchzehe
Thymian, Salz
1 kleine rote Zwiebel
75 g Bandnudeln
2 Radicchio (ca. 150 g)
1 Dose Thunfisch (150 g)
100 g Maiskörner
1 El Kapern
1 Bund Petersilie

Sardellen abspülen, sehr fein hacken. Mit Essig, Zitronensaft, Pfeffer, Salz und Öl verrühren. Knoblauch abziehen, dazupressen, mit Thymian würzen. Zwiebel in schmale Scheiben schneiden, in die Sauce geben. Nudeln in kochendem Salzwasser in 8 Minuten bißfest garen. Radicchio waschen und in Blätter zerlegen, oder die Köpfe halbieren, Strunk entfernen und in feine, ca. ½ cm breite Streifen schneiden. Thunfisch zerpflücken, Mais abtropfen lassen, mit den gut abgetropften Nudeln mischen. Kapern und das Dressing untermengen. Petersilie waschen, einige Blättchen beiseitelegen, die übrigen hacken und unterheben. Radicchio und Gemüse auf Tellern anrichten. Mit Petersilie garnieren.

Nizza-Salat

4 große Tomaten
250 g grüne (TK-)Bohnen
Salz
2 grüne Paprikaschoten
2 kleine Zwiebeln
4 hartgekochte Eier
1 Dose Thunfisch in Öl
1 grüner Salat (Romana, Batavia, Endivie oder Kopfsalat)
100 g kleine schwarze Oliven
1 Bund Basilikum
Pfeffer
3 El milder Weinessig
6 El Olivenöl

Tomaten überbrühen, abziehen und die Kerne entfernen. Bohnen putzen, in kochendes Salzwasser geben und 10 Minuten kochen. Kurz in Eiswasser tauchen. Schräg in Streifen schneiden. Paprikaschoten putzen und in hauchdünne Streifen schneiden. Zwiebeln in Ringe schneiden, Eier schälen und vierteln. Thunfisch abtropfen lassen. Salat putzen, abspülen und trockentupfen. Alle Zutaten auf Portionstellern anrichten. Oliven über den Salat verteilen. Basilikumblätter fein schneiden und mit Essig, Salz, Pfeffer und Olivenöl in einer Schüssel verrühren. Über den Salat träufeln.

Rindfleischsalat nach polnischer Art

△

400 g magere Rinderbrust
2 große Kartoffeln
1 Tasse eingelegte Rote Bete
2 Pfeffergurken, Salz
4 Sardellenfilets
½ Tasse Fleischbrühe
3 El Essig, Pfeffer
1 fein gehackte Zwiebel
2 El fein gehackte Petersilie und Estragon, 5 El Öl
4 hartgekochte Eihälften
2 El Mayonnaise

Rindfleisch und Kartoffeln kochen und würfeln. Rote Bete, Gurken und Sardellenfilets kleinschneiden. Brühe, Essig, Gewürze, Zwiebel, Kräuter und Öl mischen. Alles ohne Rote-Bete-Würfel mischen, 20 Minuten ziehen lassen. Auf jede Eihälfte einen Tupfer Mayonnaise setzen. Rote Bete unter den Salat mischen. Mit Eihälften garnieren.

Krebsfleischsalat

2 Portionen
40 g Mu-Err-Pilze
200 g Gurke
80 g Frühlingszwiebeln
100 g Mungobohnensprossen
2 El Sojasauce
150 g Tofu
250 g japan. Fischcrabmeat
100 g süße Chilisauce

Mu-Err-Pilze mit ¼ l heißem Wasser übergießen und 10 Minuten ausquellen lassen. Dann zugedeckt bei milder Hitze 10 Minuten kochen, abtropfen lassen. Gurke und weiße und hellgrüne Teile der geputzten Frühlingszwiebeln in dünne Streifen schneiden. Sprossen verlesen, in einem Sieb mit kochendem Wasser übergießen. Harte Stielansätze der Pilze entfernen. Pilze (bis auf 2-3) in dünne Streifen schneiden und mit der Sojasauce vermengen. Tofu in dünne Streifen schneiden. Krebsfleisch der Länge nach zerfasern. Alle Zutaten vorsichtig mit der Chilisauce mischen und 10 Minuten durchziehen lassen. Auf Tellern anrichten und mit den restlichen Morcheln garnieren und sofort servieren.

Gemüse – roh und gekocht – im Salat

Kohlrabi-Karotten-Rohkost

(Bild Seite 169)

<u>1 Portion</u>
1 Kohlrabi (100 g)
2 kleine Karotten
2 Frühlingszwiebeln
100 g gegrillte Geflügelbrust
2 El Sonnenblumenkerne
1El Crème fraîche, Salz
50 g Joghurt, Pfeffer
2 El fein gehackte Minze

Gemüse putzen und waschen. Kohlrabi und Karotten grob raspeln. Frühlingszwiebeln in dünne Ringe schneiden. Geflügelbrust fein würfeln. Sonnenblumenkerne ohne Fett rösten. Crème fraîche mit Joghurt verrühren, mit Salz und Pfeffer würzen. Zuletzt die Minze und 1 El geröstete Sonnenblumenkerne unterrühren. Rohkost und Geflügelbrustwürfel auf einem Teller anrichten. Das Dressing in die Mitte geben. Mit den Frühlingszwiebeln und den restlichen Sonnenblumenkernen bestreuen. Alles gut vermischen und sofort servieren.

Lauchsalat mit Kaviar

▷

3 große Stangen Lauch
100 ml Joghurt-Salat-Creme
3 El Remoulade
Salz, Pfeffer
½ Bund Dill
1 kleiner Kopf Radicchio
100 g Keta Kaviar
oder Forellen-Kaviar

Lauch putzen, in ca. 2 cm lange Stücke schneiden, 4 Minuten blanchieren. Gut abtropfen. Einen Zweig Dill fein hacken und mit Joghurt-Salat-Creme und Remoulade verrühren. Mit Salz und Pfeffer würzen, zum Lauch geben und gut vermengen. Radicchio putzen, waschen, auf vier Tellern verteilen und den Lauchsalat darauf anrichten. Kaviar darüberstreuen und mit einem Zweig Dill garnieren.

Dicke Bohnen mit Schafskäse

1,5 kg frische dicke Bohnen
(ersatzweise 600 g TK-Bohnen)
2 El Sherry-Essig
4 El Olivenöl
3 Knoblauchzehen
1 Zweig oder ½Tl gerebelter Majoran
30 g rote Zwiebeln
250 g Schafskäse

Frische Bohnen aufbrechen. Bohnenkerne auspalen. In Salzwasser ca. 20 Minuten (tiefgekühlte Bohnen unaufgetaut 8-10 Minuten) garen. Durch ein Sieb gießen, abtropfen lassen. Aus den Häutchen herausdrücken. Essig mit Öl verrühren. Knoblauch durch eine Presse in die Marinade drücken. Majoranblättchen unterrühren. Zwiebel schälen. In feine Streifen schneiden. Bohnen mit Marinade und Zwiebel mischen, ziehen lassen. Schafskäse in Würfel schneiden. Schafskäsewürfel erst kurz vor dem Servieren unter die Bohnen mischen.

Möhrensalat mit Sahnedressing

▷

1 kg Möhren
Salz
1 Prise Zucker
1 Bund Basilikum
1 Becher Sahne
Saft einer Zitrone
Pfeffer

½ l Wasser mit Salz und Zucker zum Kochen bringen. Möhren putzen und waschen. Im Ganzen in das Wasser geben und ca. 10 Minuten garen. Möhren herausnehmen, etwas abkühlen lassen, dann in ca. 1 cm dicke Scheiben schneiden, Basilikum waschen, Blätter in Streifen schneiden und unter die Möhrenscheiben mischen. Für das Dressing Sahne mit Zitronensaft, Salz und Pfeffer leicht verschlagen, über die Möhren gießen.

Lauwarmer Pfifferlingssalat mit Paprika

4-6 Portionen
1 rote Paprikaschote
Salz
Pfeffer
400 g Pfifferlinge
3 Zwiebeln
1 Knoblauchzehe
1 Bund glatte Petersilie
100 g Zucchini
5 El Olivenöl
2 El Weißweinessig
4 El trockener Weißwein
½ Bund Basilikum

Paprikaschote vierteln, Kerne herausschneiden. Paprika mit der Hautseite nach oben auf ein Backblech legen und etwas flach drücken. Unter dem Grill 3-4 Minuten backen, bis die Haut schwarze Blasen wirft. Aus dem Ofen nehmen und ein nasses Küchentuch auf die Paprika drücken. In einen Gefrierbeutel geben, zudrehen und abkühlen lassen. Die Haut abziehen. Paprika erst in 2 cm breite Längsstreifen, dann in Rauten schneiden. Mit Salz und Pfeffer würzen. Während die Paprika abkühlt, die Pfifferlinge putzen. 1 Zwiebel und den Knoblauch sehr fein hacken. Restliche Zwiebeln in dünne Ringe schneiden. Petersilie abzupfen und hacken. Zucchini sehr fein würfeln. Aus 3 El Olivenöl, Essig, Wein, Salz und Pfeffer eine Vinaigrette rühren und Zwiebelringe, Paprika und Zucchini darin marinieren. Im restlichen Öl die gehackte Zwiebel und Knoblauchzehe glasig dünsten. Pfifferlinge zugeben, mit Salz und Pfeffer würzen und mit der Petersilie mischen. 3-4 Minuten bei stärkerer Hitze unter Rühren braten. Sofort mit dem marinierten Gemüse mischen, 15 Minuten zugedeckt ziehen lassen. Basilikumblätter abzupfen, große Blätter längs halbieren. Unter den lauwarmen Salat mischen und sofort servieren.

Lauwarmer Gemüsesalat mit Basilikum ▷

300 g Brokkoli
1 Frühlingszwiebel
3 Bund Basilikum
Saft von zwei Zitronen
150 ml Salatmayonnaise
1 kleiner Blumenkohl (500 g)
200 g Rotkohl
½ Kopf Friséesalat
3 El geröstete Pinienkerne (ersatzweise Mandelstifte)
Salz, Pfeffer

4 Basilikumblätter für die Dekoration beiseitelegen. Den Rest in feine Streifen schneiden, zusammen mit Zitronensaft und Salatmayonnaise zu einer Salatsauce verrühren. Klein geschnittene Frühlingszwiebel dazugeben und mit Salz und Pfeffer würzen. Blumenkohl und Broccoli putzen, in Röschen zerteilen, in Scheiben schneiden und 1 Minute blanchieren. Rotkohl putzen, in Streifen schneiden und ebenso 1 Minute blanchieren. Friséesalat putzen, waschen, zerzupfen und auf 4 Tellern anrichten. Das Gemüse getrennt auf dem Friséesalat anrichten und die Salatsoße darübergießen. Dann die Pinienkerne darüberstreuen und mit Basilikum garnieren.

Spargel-Kartoffel-Salat

750 g neue, möglichst kleine Kartoffeln
800 g weißer Spargel
Salz
1 Tl Butter
1 Prise Zucker
100 g Zuckerschoten
2 El Essig
80 ml (Instant-)Fleischbrühe
schwarzer Pfeffer
1 Handvoll Kerbel
½ Tl scharfer Senf
1-2 El Zitronensaft
80 ml Olivenöl
50 g durchwachsener Räucherspeck

Kartoffeln waschen, in der Schale ca. 15 Minuten knapp weich kochen. Spargel sorgfältig schälen, holzige Enden abschneiden. In ca. 4 cm kurze Stücke schneiden. 1 l Wasser mit Salz, Butter und Zucker aufkochen, Spargel einlegen, in 15 bis 20 Minuten knapp gar kochen. Inzwischen die Zuckerschoten waschen und putzen, evtl. entfädeln, zum Schluß eine Minute mit dem Spargel kochen. Gemüse abgießen und gut abtropfen lassen. Kartoffeln abgießen, pellen und in Scheiben schneiden. Noch warm mit Essig, Brühe und Pfeffer würzen. Kerbelblättchen (einige zum Garnieren abnehmen) von den Stengeln zupfen, mit Salz, Pfeffer, Senf, Zitronensaft und Öl im Mixer fein pürieren. Kartoffeln, Spargel und Zuckerschoten vorsichtig mit der Sauce mischen. Inzwischen den Speck in winzig kleine Würfel schneiden, in einer Pfanne knusprig auslassen, über den Salat streuen. Mit Kerbel garnieren und servieren.

Spinatsalat mit gerösteten Austernpilzen

▷

1 Portion
125 g Blattspinat
100 g Austernpilze
1 Tl Sonnenblumenöl
½ Knoblauchzehe
2 El Sonnenblumenkerne
1 El Sonnenblumenöl
1 El Sherryessig
1 Schalotte
Salz
Pfeffer
2 Wachteleier, wachsweich gekocht oder 1 Hühnerei

Spinat verlesen, waschen und gut abtropfen lassen. Austernpilze mit Küchenkrepp abreiben und in feine Streifen schneiden. In 1 Tl erhitztem Öl in einer Pfanne rösten. Evtl. etwas durchgepreßten Knoblauch unterrühren. 1 El Sonnenblumenkerne hinzufügen und kurz mitrösten. 1 El Öl mit Essig und 1 El Wasser verrühren. Fein gewürfelte Schalotte unterrühren. Mit Salz und Pfeffer würzen. Blattspinat mit dem Dressing beträufeln. Austernpilze darauf verteilen. Die restlichen Sonnenblumenkerne rösten und darüberstreuen. Mit den halbierten Wachteleiern anrichten.

Gemüsesalat mit Zitronenmelisse

6 Portionen
350 g Blumenkohlröschen
Salz
½ El Zucker
10 g Butter
250 g Möhren
150 g (TK-)Erbsen
3 Eier
1-2 Köpfe Salat
150 ml Öl
3 El Weißweinessig
2 Eigelb
2-3 El Zitronensaft
1-2 Bund Zitronenmelisse
4 Matjesfilets

Blumenkohlröschen knapp mit Wasser bedecken, Salz, Zucker und Butter zugeben. Zum Kochen bringen und bei milder Hitze zugedeckt 5 Minuten garen. Mit der Schaumkelle herausnehmen und im Sieb abtropfen lassen. Möhren schälen, längs vierteln und einmal quer durchschneiden. Im Blumenkohlwasser 7 Minuten bei milder Hitze garen, dann die Erbsen zugeben und weitere 3 Minuten kochen. Abtropfen lassen, dabei den Gemüsesud auffangen. Eier in 7 Minuten wachsweich kochen, abkühlen lassen, dann pellen und halbieren. Den grünen Salat auseinanderzupfen, möglichst nur die gelben und hellgrünen Blätter verwenden. Waschen und trockenschleudern. Aus 6 El Öl, Essig und Salz eine Vinaigrette rühren. Das Eigelb im Rührbecher mit 1 El Zitronensaft cremig rühren, salzen. Restliches Öl erst tropfenweise, dann in dünnem Strahl mit dem Handrührgerät unterschlagen. Zitronenmelisse fein hacken. Zwei Drittel davon mit 4 El Gemüsesud unter die Mayonnaise rühren. Mit Salz und Zitronensaft abschmecken. Matjes in feine Streifen schneiden. Kopfsalat in der Vinaigrette wenden. Salat, Gemüse und Matjes in einer großen flachen Schüssel anrichten. Mayonnaise löffelweise darüber verteilen. Mit der restlichen Zitronenmelisse garnieren.

Fenchel mit Lachs-Mayonnaise

8 Portionen
500 g Fenchel
125 g Räucherlachs
2 Eigelb
1 Tl Zitronensaft
⅛ l Öl
150 g Joghurt
Pfeffer
Salz

Fenchel waschen, putzen, das Grün hacken. Knollen quer in dünne Scheiben schneiden und auf Teller verteilen. Lachs im Mixer pürieren, Eigelb und Zitronensaft zugeben. Unter Rühren Öl und Joghurt einschlagen. Pfeffern, salzen, auf den Fenchel geben und mit gehacktem Grün bestreut sofort servieren.

Gemüsecarpaccio

▷

2 Möhren
1 Kohlrabi
1 Zucchini
1 Bund Radieschen
2 El Mais (aus der Dose)
1 Tl mittelscharfer Senf
2 El Zitronensaft
Salz, frischer Pfeffer
1 Knoblauchzehe
4 El Olivenöl
4 Blätter Petersilie

Möhren und Kohlrabi schälen und in sehr dünne Scheiben schneiden oder hobeln. Zucchini und Radieschen waschen, in sehr kleine Würfel schneiden. Aus Senf, Zitronensaft, Salz, Pfeffer, durchgepreßter Knoblauchzehe und Olivenöl eine Sauce zubereiten. Petersilie grob schneiden. Möhren- und Kohlrabischeiben auf vier Tellern anrichten, mit den Zucchini- und Radieschenwürfeln und Mais bestreuen. Sauce darüberträufeln und mit Petersilie garnieren.

Gemüsesalat mit Roastbeef

1 Fenchelknolle
1 Zucchini, Salz
je 1 rote und gelbe Paprikaschote
1 Fleischtomate
2 El Essig, 150 ml Distelöl
1 Eigelb, Pfeffer
1 Tl Dijon-Senf
100 g Joghurt, Zucker
1 Handvoll Basilikum
8 dünne Scheiben Roastbeef

Gemüse putzen, waschen. Fenchelgrün beiseitelegen. Von der Zucchini, Paprika und Fenchel einige Scheiben abschneiden. Rest in 1 cm große Würfel, Tomaten in dünne Scheiben schneiden. 1 El Essig, 2 El Öl, Salz, Pfeffer und 1 Prise Zucker verrühren, das Gemüse darin marinieren. Für die Mayonnaise das Eigelb mit ½ Tl Salz, Pfeffer, Senf, 1 El Essig cremig rühren. Dann das restliche Öl in dünnem Strahl einrühren. Joghurt unterrühren. Basilikum bis auf einige Blättchen fein hacken, unter die Mayonnaise rühren. Gemüse auf Tellern anrichten, je 2 Roastbeefscheiben dazulegen, mit 1 Klecks Mayonnaise, Fenchelgrün, Basilikum und frisch gemahlenem Pfeffer garnieren und sofort servieren.

Mangoldröllchen

6 Mangoldblätter
125 g geräuchertes Forellenfilet
2 El Crème fraîche, Salz
Pfeffer, 1 Tl Senf
2 El Zitronensaft
1 große Tomate
1 kleine Zwiebel
2 El Öl, 1 El Kapern

Mangold halbieren und blanchieren. Fisch in 12 Stücke teilen. Crème fraîche mit den Gewürzen mischen, auf die Blätter streichen. Mit je 1 Stück Fisch einrollen. Kleingewürfelte Tomate mit gehackter Zwiebel im Öl andünsten, würzen, Mangoldröllchen darin kurz erwärmen.

Grüne Bohnen mit Rosmarin und getrockneten Tomaten

4-6 Portionen
50 g durchwachsener Speck
500 g grüne Bohnen
Salz
2 El Rosmarinnadeln
2 Knoblauchzehen
80 g getrocknete Tomaten (in Öl)
2 El Olivenöl
schwarzer Pfeffer

Speck 10 Minuten ins Gefrierfach legen. Inzwischen die Bohnen putzen und einmal durchbrechen. In leise kochendem Salzwasser 12 Minuten knapp garen, abtropfen lassen. Speck ohne Schwarte zuerst in sehr dünne Scheiben, dann in Streifen, dann in sehr feine Würfel schneiden. 1 El Rosmarinnadeln und Knoblauch fein hacken. Tomaten abtropfen lassen, Öl auffangen. Tomaten in feine Streifen schneiden. Speck im Olivenöl und 1 El Tomatenöl langsam ausbraten. Knoblauch und gehackten Rosmarin zugeben, 2 Minuten bei schwacher Hitze braten. Bohnen und Tomatenstreifen untermischen und zugedeckt 5 Minuten bei schwacher Hitze durchziehen lassen. Kräftig mit Pfeffer würzen, mit restlichem Rosmarin garniert servieren.

Kartoffel-Sellerie-Salat mit Kräutern

6-8 Portionen
500 g Knollensellerie
Salz
4 El Zitronensaft
500 g kleine Salatkartoffeln
2 El mittelscharfer Senf
30 ml Weißweinessig
weißer Pfeffer
1 Tl Zucker
100 g Schalotten
100 ml Öl
150 g Zucchini
100 g Frühlingszwiebeln
1 kleiner Bund Dill
1 Bund Petersilie
20 g Kerbel

Sellerie waschen, ungeschält mit Wasser bedecken, Salz und Zitronensaft zugeben und 30 Minuten im geschlossenen Topf kochen. Etwas abkühlen lassen, schälen und sechsteln. 100 ml vom Kochwasser für die Vinaigrette aufbewahren. Kartoffeln waschen und mit Schale garen, etwas abkühlen lassen, pellen. für die Vinaigrette Senf, Essig, Salz, Pfeffer und Zucker verrühren. Schalotten würfeln, mit dem kalten Selleriekochwasser und dem Öl unter die Vinaigrette rühren. Zucchini waschen und putzen. Sellerie, Kartoffeln und Zucchini in dünnen Scheiben in die Vinaigrette schneiden, zugedeckt 1 Stunde ziehen lassen. Frühlingszwiebeln waschen, putzen und das zarte Hellgrüne in dünne Scheiben schneiden. Kräuter fein hacken. Beides vorsichtig unter den Salat mischen.

Sommerlicher Kartoffelsalat △

500 g Kartoffeln
4 Möhren
3 Zucchini
8 El Weinessig
1 Tl Senf
1 Knoblauchzehe
8 El Walnußöl
Salz, weißer Pfeffer
4 Stengel Petersilie oder Basilikum

Pellkartoffeln (frisch gekocht oder vom Vortag) in nicht zu dünne Scheiben schneiden. Möhren gut bürsten oder schälen, stifteln. Zucchini waschen und in dünne Scheiben bzw. Streifen schneiden. Aus Essig, Senf, zerdrücktem Knoblauch, Öl und Gewürzen eine Salatsauce herstellen und mit den übrigen Zutaten vermischen. Mit Petersilie oder Basilikum garnieren.

Spinatsalat mit Sahne-Nuß-Dressing

▷

300-400 g Spinatblätter
1 Tomate
1 Frühlingszwiebel
100 ml Sahne
1 El Walnußöl
Saft einer Zitrone
Salz
weißer Pfeffer
etwas Honig
1 El grob gehackte Nüsse
etwas abgeriebene Schale einer unbehandelten Zitrone

Spinatblätter verlesen, gut waschen und ganz kurz in kochendes Wasser tauchen. Tomate ebenfalls in kochendes Wasser tauchen, enthäuten, entfernen und in kleine Würfel schneiden. Frühlingszwiebel schälen, in feine Ringe schneiden. Sahne kurz anschlagen. Walnußöl, Zitronensaft, Salz, Pfeffer und die grob gehackten Walnüsse oder Haselnüsse zugeben, alles miteinander verrühren und die Sauce über den Spinat verteilen. Mit Zitronenschale garniert sofort servieren.

Kartoffelsalat »Méditerranée«

8 Portionen
1 kg festkochende Kartoffeln
150 g TK-Erbsen
175 g Zucchini
100 g Frühlingszwiebeln
650 g orangefleischige Melone (z.B. Cantaloupe)
100 g schwarze Oliven mit Stein
1 Dose Artischockenherzen
250 g Paprikasalami
3 El Estragonessig
4 El Olivenöl
1 El gehackter Liebstöckel
1 Bund gehackte Petersilie
Salz
Pfeffer
3 El Kapern

Kartoffeln in der Schale weich kochen, pellen, 1,5 cm groß würfeln. Erbsen auftauen. Zucchini in streichholzgroße Streifen schneiden. Frühlingszwiebeln putzen und in feine Ringe schneiden. Melone entkernen, Kugeln ausstechen. Oliven und Artischocken abgießen, Artischocken der Länge nach achteln. Salami in ½ cm dicke Scheiben, diese in mundgerechte Stücke schneiden. Aus Essig, Öl, Liebstöckel und Petersilie eine Marinade rühren, mit Salz und Pfeffer abschmecken. Mit den Salatzutaten mischen, mit Kapern bestreuen.

Pastinaken-Lauch-Salat

400-500 g Pastinaken
(ca. 3 Wurzeln)
1 Stange Lauch
1 Apfel

Für die Sauce:
125 ml Sahne
Saft einer halben Zitrone
1 Tl Honig, Salz
weißer Pfeffer
frischer Ingwer
1 El grob gehackte Haselnüsse
glatte Petersilie

Pastinaken gut bürsten, mit der Schale in wenig Wasser ca. 30 Minuten kochen. Abkühlen lassen. Dünn schälen und in Scheiben schneiden. Lauch waschen und in feine Ringe, Apfel in dünne Scheiben schneiden. Sauce aus Sahne, Zitronensaft, Honig, Salz, Pfeffer und Ingwer herstellen. Mit Pastinaken, Lauch und Apfel vermischen. Mit Petersilie und Haselnüssen bestreuen.

Salat aus dicken Bohnen

1 kg frische dicke Bohnen
Salz
2-3 kleine Zwiebeln
12 Salbeiblätter
3 El Öl
3 El Essig
schwarzer Pfeffer
1-2 Knoblauchzehen
2 Tomaten

Bohnen palen und in Salzwasser 25 Minuten kochen. Abgießen und die Kerne aus den Häuten lösen. Zwiebeln abziehen, vierteln und mit 6 Salbeiblättern in 1 El Öl kurz dünsten. Eine Marinade aus dem übrigen Öl, Essig, Salz und Pfeffer rühren. Knoblauch abziehen, fein hacken und dazugeben. Bohnen vorsichtig untermischen. Tomaten waschen, in Scheiben schneiden und mit dem Bohnensalat anrichten. Mit dem übrigen frischen Salbei garnieren.

Selleriesalat »Waldorf«

300 g Knollensellerie
Salz
1 El Essig
4 El Joghurtmayonnaise
2 El Zitronensaft
weißer Pfeffer
½ Tl scharfer Senf
1 grüner Apfel
2 Stangen Staudensellerie
2 El grob gehackte Walnüsse
4 große grüne Salatblätter
4 Walnußhälften

Sellerie waschen, schälen und möglichst im Ganzen in ¼ l Wasser, 1 Prise Salz und Essig gerade gar kochen. Nach dem Abkühlen in kleine Würfel schneiden. Joghurtmayonnaise mit Zitronensaft, Pfeffer und Senf verrühren. Apfel vierteln, entkernen und mit der Schale würfeln. Staudensellerie in Scheiben schneiden. Mit den Selleriewürfeln und den gehackten Walnüssen mischen. Salat auf den gewaschenen grünen Blättern anrichten, die Sauce darübergießen und mit Walnußhälften garnieren.

Kohlrabi-Rohkost

▷

2-3 kleine, weiße Rettiche
1 Kohlrabi
1 Apfel, Salz
1 Becher Sauerrahm
schwarzer Pfeffer
½ Tl Apfelsaft-Konzentrat
Saft einer halben Zitrone
5 Radieschen
2 El geschälte Sonnenblumenkerne (gekeimt)

Rettiche und Kohlrabi schälen und zusammen mit den Äpfeln grob raspeln. Aus Sahne, Salz, Pfeffer, Apfelsaft-Konzentrat und Zitronensaft eine Sauce herstellen und alles miteinander vermengen. Radieschen in feine Scheiben schneiden und mit den gekeimten Sonnenblumenkernen garnieren.

Kohlrabisalat mit Tomaten-Vinaigrette

2 Kohlrabi
3 El Pinienkerne
2 El Honig, 2 El Butter
Zitronenpfeffer, Salz
2 El Walnußöl
2 El Sonnenblumenöl
2 El Weißweinessig
1 kleine Tomate
100 g kleine Champignons
einige Blätter Lollo Rosso

Kohlrabi vorbereiten, zarte Blättchen beiseitelegen. Kohlrabi in 4-5 cm lange dünne Stifte schneiden. Pinienkerne in einer Pfanne goldbraun rösten. Herausnehmen, beiseitestellen. Honig in der Pfanne bei mittlerer Hitze erwärmen, Butter zugeben und zerlassen. Kohlrabistifte in die Pfanne geben, unter häufigem vorsichtigen Wenden gut 5 Minuten garen. Mit etwas Salz und Zitronenpfeffer würzen. Walnuß- und Sonnenblumenöl und Essig verquirlen, mit Salz und Zitronenpfeffer würzen.

Bohnensalat mit Rauke

12-14 Portionen
750 g grüne Bohnen
200 g Rauke, Salz
150 g Walnußkerne
1 Bund Schnittlauch
1 Bund Bohnenkraut
4 El Balsamessig
2 El Weißweinessig
2 El mittelscharfer Senf
Pfeffer, 8 El Öl

Bohnen waschen und putzen, große Bohnen einmal durchbrechen. Rauke verlesen, waschen, abtropfen lassen und von den Stielen zupfen. Walnußkerne grob hacken. Bohnen 12 Minuten im Salzwasser garen, abtropfen, etwas abkühlen lassen. Schnittlauch in Röllchen schneiden, Bohnenkraut von den Stielen streifen und hacken. Balsamessig und Weißweinessig mit Senf, Salz, Pfeffer und Öl verrühren. Bohnenkraut und Schnittlauch zugeben. Bohnen, Rauke und Walnüsse nacheinander in eine Schüssel schichten, jede Lage mit Salatsauce beträufeln. 1-2 Stunden durchziehen lassen. Vorm Servieren mischen.

Süßkartoffelsalat mit Walnüssen

▷

400-500 g Süßkartoffeln
4 Stangen Staudensellerie
1 säuerlicher Apfel
Saft einer Zitrone
1 Zwiebel
1 Becher Sauerrahm
Saft einer halben Zitrone
1 Tl Walnußöl
etwas frische Ingwerwurzel
Pfeffer, Salz
1 Tl Honig
2 El grob gehackte Walnußkerne

Süßkartoffeln waschen, ca. 30 Minuten kochen, pellen und in Würfel oder Scheiben schneiden. Staudensellerie enthäuten und ebenfalls in Scheiben schneiden. Apfel mit der Schale blättrig schneiden und mit Zitronensaft beträufeln. Zwiebel in feine Ringe schneiden. Sauerrahm mit Zitronensaft, Walnußöl, Ingwerwurzel, Salz, Pfeffer und Honig verrühren und mit den übrigen Zutaten vermengen, mit gehackten Walnüssen bestreuen.

Erbsenschotensalat mit Kerbel

300 g Erbsenschoten
Salz
1 Handvoll Kerbel
¼ Lollo rosso
2 Schalotten
1 Knoblauchzehe
Zitronenpfeffer
1 Tl Essigessenz (25 %)
3 El Brühe, 2 El Öl

Schoten waschen, entfädeln, Enden knapp abschneiden. Schoten in kochendem Salzwasser 2 Minuten blanchieren. Kalt abbrausen, gut abtropfen lassen. Kerbel verlesen, Salat waschen und trockenschleudern, zerzupfen. Schalotten und Knoblauch abziehen, fein hacken. Mit Salz, Zitronenpfeffer und Essigessenz verquirlen. 3 El Brühe und das Öl darunterschlagen. Abschmecken, dann die Erbsenschoten darin wenden. Erbsenschoten zusammen mit dem Salat und dem Kerbel dekorativ anrichten. Die übrige Marinade gleichmäßig darüberträufeln.

Schwarzwurzeln in Kräuter-Vinaigrette

500 g Schwarzwurzeln
1 Bund Dill
1 Bund Schnittlauch
1 Bund Petersilie
1 Eigelb
2 El Kräuteressig
1 Tl Senf, 2 El Öl
Salz, Pfeffer

Schwarzwurzeln gründlich waschen und bürsten. Mit der Schale 8-10 Minuten weich kochen, danach unter fließendem kaltem Wasser die Schalen mit einem kleinen Messer ablösen. In fingerlange Stücke schneiden. Für die Vinaigrette Kräuter waschen und sehr fein hacken. Eigelb mit Kräuteressig, Senf und Öl cremig aufschlagen. Mit Salz und Pfeffer abschmecken. Kräuter unterheben. Schwarzwurzeln in kleinen Schalen anrichten. Vinaigrette darüberträufeln und sofort servieren.

Bunter Gemüsesalat mit Würstchen

▷

400 g Möhren
2 Stangen Lauch
½ Pckg. TK-Erbsen
4 (vegetarische) Würstchen
2 El Mais
3 El Rotweinessig
1 Tl Senf
Salz
Hefestreuwürze
schwarzer Pfeffer
4 El Sonnenblumenöl
2 El leicht angeröstete Sonnenblumenkerne
einige Stengel Schnittlauch

Möhren und Lauch säubern und in Scheiben bzw. in Ringe schneiden. Zusammen mit den Erbsen in kochendem Wasser ca. 2 Minuten blanchieren, abtropfen lassen. Würstchen in Scheiben schneiden und mit dem Mais zu dem Gemüse geben. Aus Essig, Senf, Salz, Hefestreuwürze, Pfeffer und Öl eine Salatmarinade herstellen und mit dem Gemüse und den Würstchen vermischen. Ca. 30 Minuten durchziehen lassen, mit Sonnenblumenkernen bestreuen und mit Schnittlauch garnieren.

Rosa Gemüsesalat mit Pellkartoffeln

2 Portionen
300 g Kartoffeln, 1 Ei
150 g Knollensellerie
1 Apfel, 2 Zwiebeln
150 g Salatgurke
150 g Rote Bete (aus dem Glas)
1 Magermilchjoghurt
2 El Rote-Bete-Saft
1 El Öl, Salz
10 g Butter, Pfeffer
2 El Schnittlauchröllchen

Kartoffeln waschen und in der Schale kochen. Das Ei hartkochen, abschrecken, pellen und mit dem Eierschneider würfeln. Sellerie waschen und schälen, Apfel und Salatgurke waschen, Zwiebeln pellen. Alles fein und gleichmäßig würfeln. Mit der ebenfalls fein gewürfelten roten Bete mischen. Joghurt mit dem Rote-Bete-Saft und dem Öl verrühren. Herzhaft mit Salz und Pfeffer abschmecken. Mit den Salatzutaten mischen. Kartoffeln pellen (oder mit der Schale essen) und in der Butter schwenken. Auf zwei Teller verteilen. Den Salat daneben anrichten und mit gehacktem Ei bestreuen, mit Schnittlauchröllchen nach Belieben garnieren und sofort servieren.

Sauerkrautrohkost mit Kürbiskernen

▷

1 Apfel, 2 Möhren
500 g Sauerkraut
1 Tl Apfelsaftkonzentrat
40 g Sonnenblumenöl
(oder auch Leinöl)
40 g Kürbiskerne

Apfel achteln und blättrig schneiden, Möhren schälen und grob raspeln. Mit dem Sauerkraut und Apfelsaftkonzentrat vermengen. Sonnenblumenöl leicht erhitzen und die Kürbiskerne ca. 1 Minute darin braten. Öl und Kürbiskerne auf der Rohkost verteilen.

Marinierter Spargel auf Pfirsichspalten

16 Stangen grüner Spargel
(ca. 350 g)
1 El Öl
2 Tl Zucker
1 Tl Salz
1-2 El Balsamessig
2 reife Pfirsiche
100 g roher Schinken
Pfeffer

Spargel waschen, im unteren Drittel mit einem Sparschäler schälen, Schalen aufbewahren. Untere Enden abschneiden. Spargelstangen jeweils in drei gleichlange Stücke schneiden. 1,5 l Wasser zum Kochen bringen. Öl, Zucker und Salz zufügen. Spargelschalen darin 10 Minuten kochen. Aus dem Sud entfernen. Spargelstücke einlegen, 12-15 Minuten garen. Herausnehmen, Sud abkühlen lassen. 200 ml Sud mit Essig verrühren. Spargel darin über Nacht marinieren. Pfirsiche häuten, halbieren, entsteinen. Pfirsichhälften vierteln. Schinken in kleine Würfel schneiden. Spargel zusammen mit den Pfirsichspalten auf Tellern anrichten. Schinkenwürfel darüber streuen. Mit der Marinade beträufeln, pfeffern und servieren.

Broccolisalat mit Hähnchenbrust

300 g Hähnchenbrustfilet
10 g Butterschmalz
Salz, Pfeffer
125 g Mayonnaise
2 El Sauerrahm
1 El Zitronensaft
Worcestersauce
400 g Broccoli
½ Bund Schnittlauch

Hähnchenfleisch in heißem Butterschmalz von jeder Seite 5 Minuten braten. Salzen, pfeffern und abkühlen lassen. Mayonnaise mit Sauerrahm verrühren. Mit Salz, Zitronensaft, Worcestersauce und Pfeffer abschmecken. Broccoli waschen, putzen und in Röschen zerteilen. Diese 8-10 Minuten in kochendem Salzwasser garen. Abseihen, abkühlen lassen. Hähnchenfleisch in Scheiben schneiden und mit Broccoli anrichten. Mit der Sauce übergießen, mit Schnittlauchröllchen bestreuen und sofort servieren. Dazu paßt Vollkorntoast.

Kohlrabi-Zucchini-Salat mit Tofuscheibchen ▷

2 kleine Kohlrabi
1 kleine Zucchini
6 Kirschtomaten
160 g schnittfeste Tofupastete
3 El Rotweinessig
1 El Senf, Salz
1 Knoblauchzehe
schwarzer Pfeffer
4 El Sonnenblumenöl
4 Stengel Dill

Kohlrabi schälen, Zucchini und Tomaten waschen und alles in dünne Scheiben schneiden, ebenfalls die Pastete. Aus Essig, Senf, zerdrücktem Knoblauch, Salz, Pfeffer und Öl eine Salatmarinade herstellen. Mit den übrigen Zutaten vermischen. Ca. 20 Minuten durchziehen lassen und mit Dill garnieren.

Palbohnensalat mit Majoran

750 g frische Palbohnen
Salz
1 Möhre
3 Schalotten
150 g Staudensellerie
1 kleine Knoblauchzehe
½ Bund Majoran
20 g Kürbiskerne
4-5 El Kräuteressig
5-6 El Traubenkernöl
Pfeffer
etwas Honig oder
1 Prise Zucker

Bohnenkerne mit 1 ½ l Salzwasser aufsetzen. Zum Kochen bringen und 10 Minuten garen. Möhre schälen und in ½ cm dicke Würfel schneiden. 5 Minuten vor Ende der Garzeit zu den Palbohnen geben. Schalotten fein würfeln, Staudensellerie an der Stangenunterseite mit dem Sparschäler von den harten Fäden befreien, Stangen in sehr dünne Scheiben schneiden. Ein paar zarte Sellerieblätter zum Garnieren beiseitelegen. Knoblauch durch die Presse drücken. Majoranblätter abzupfen. Kürbiskerne in einer Pfanne ohne Fett rösten. Bohnen auf ein Sieb schütten und mit kaltem Wasser abschrecken. Aus Essig, Öl, Salz, Pfeffer, Zucker und den gewürfelten Schalotten eine Salatsauce herstellen. Selleriescheiben und Majoranblätter unter die Bohnen mischen. Salatsauce unterrühren. Ca. 15 Minuten ziehen lassen. Auf Tellern anrichten, mit Selleriegrün garnieren und mit Kürbiskernen bestreuen.

Blumenkohl-Paprika-Salat

▷

350 g Blumenkohl, ½ Tl Honig
1 rote Paprikaschote
1 Bund Schnittlauch
2-3 El Haselnußmus
Saft einer halben Zitrone
2 El Crème fraîche , Salz
1 El grob gehackte Haselnüsse

Blumenkohl vorbereiten, waschen, in Röschen zerteilen und in kochendem Wasser ca. 2-3 Minuten blanchieren. Paprika halbieren, entkernen und in Streifen, Schnittlauch in feine Röllchen schneiden. Das Haselnußmus mit 1 El heißem Wasser cremig rühren und mit Zitronensaft, Honig, Crème fraîche und Salz zu einer Sauce verarbeiten. Alles miteinander mischen und mit gehackten Nüssen bestreut servieren.

Bohnensalat mit Thunfisch

6 Portionen
250 g große, weiße getrocknete Bohnenkerne
½ El Olivenöl
6 Salbeiblätter
2 Dosen Thunfisch
1 kleiner Staudensellerie
300 g junge weiße Zwiebeln
4 El Zitronensaft
Salz
schwarzer Pfeffer

Bohnen über Nacht in 1½ l heißem Wasser einweichen, dann mit dem Einweichwasser, 2 El Öl und den Salbeiblättern bei milder Hitze ca. 2 Stunden ausquellen lassen (nicht kochen). In der Zwischenzeit Thunfisch abtropfen lassen und zerzupfen. Staudensellerie putzen und waschen. Einige hellgrüne Blätter zur Dekoration zurücklassen. Stangen in sehr feine Scheiben schneiden, restliche Blätter grob hacken. Zwiebeln halbieren und in dünne Scheiben schneiden. Bohnen abgießen und noch warm mit Thunfisch, Sellerie und Zwiebeln mischen. Zitronensaft mit restlichem Öl, Salz und Pfeffer verrühren und vorsichtig unterheben. Mit restlichen Sellerieblättchen dekorieren.

Linsensalat mit Kürbis

8-10 Portionen
2 große Dosen Linsen (je 530 g)
1 Glas eingelegter Kürbis
4 El Weißweinessig
schwarzer Pfeffer, Salz
Zucker, 8 El Öl
40 g Kürbiskerne
125 g Frühstücksspeck
3 Frühlingszwiebeln
150 g rote Zwiebeln
1 Bund Petersilie

Kürbis abtropfen lassen und fein würfeln. Essig, Pfeffer, Salz, eine Prise Zucker, Öl verrühren und mit den Linsen und dem Kürbis mischen. Kürbiskerne rösten. ⅔ grob hacken. Speck fein würfeln, knusprig braten. Beiseitestellen. Frühlingszwiebeln in dünne Scheiben schneiden. Rote Zwiebeln halbieren und längs in feine Streifenschneiden. Petersilie hacken. Alles miteinander vermischen, mit Pfeffer und Salz würzen und mit Kürbiskernen bestreuen.

Glasierte Rote Bete

▷

500 g Rote Bete
30 g Butter
Saft einer Zitrone
1 El Senfkörner
Salz
weißer Pfeffer
1 El Honig
etwas frischer Kerbel
oder Petersilie

Rote Bete schälen, in dünne Scheiben schneiden und in Fett andünsten. Zitronensaft, wenig Wasser und Senfkörner zugeben und ca. 20 Minuten garen (die Flüssigkeit sollte verkocht sein). Mit Gewürzen abschmecken und mit Honig »glasieren«. Mit Kerbelblättchen oder gehackter Petersilie garnieren und sofort servieren.

Kohlrabi-Kerbel-Salat

6 Portionen
3 Kohlrabi
200 g gekochter Schinken
1 Bund Radieschen
1 Handvoll Kerbel
1 Eigelb
2 El Zitronensaft
weißer Pfeffer, Salz
1 Tl Senf
150 ml Sojaöl
200 g Joghurt

Kohlrabi putzen und in feine Stifte schneiden oder grob raspeln. Die zarten Blättchen für die Sauce aufbewahren. Schinken in feine Streifen schneiden. Radieschen putzen, waschen, in Stifte schneiden oder raspeln. Kerbelblättchen von den Stielen zupfen, verlesen und mit den übrigen Zutaten mischen. Eigelb, Zitronensaft, Salz, Pfeffer und Senf in einem hohen Gefäß verrühren. Das Öl zuerst tropfenweise, dann in einem dünnen Strahl unterschlagen. Joghurt unter die Mayonnaise rühren, würzig abschmecken. Kohlrabiblätter in feine Streifen schneiden oder hacken, unterrühren, die Sauce über den Salat träufeln. Sofort servieren. Dazu Baguette reichen.

Lauwarmer Kartoffelsalat mit Matjestatar

40 g fetter Speck (geräuchert)
300 g kleine Kartoffeln (festkochend)
3 Matjesfilets
1 kleine Zwiebel
½ Bund Radieschen
½ Bund Schnittlauch
6 El Sonnenblumenöl
Salz, Pfeffer
2 El Weißweinessig

Speck in sehr feine Würfel schneiden und knusprig ausbraten. In ein Sieb geben, die Grieben auf Küchenpapier abtropfen lassen. Kartoffeln waschen und ungeschält gar kochen. Matjesfilets abspülen und sehr fein würfeln, dabei die restlichen Gräten entfernen. Zwiebel und Radieschen würfeln. Schnittlauch in feine Röllchen schneiden. Die Hälfte davon mit Matjes, Zwiebeln, Radieschen und 2 El Öl mischen. Kartoffeln pellen, in Scheiben schneiden. Mit Salz und Pfeffer würzen. Restliches Öl mit Essig verquirlen, die Kartoffeln darin wenden. Auf 4 Teller verteilen. Matjestatar darauf anrichten. Mit restlichem Schnittlauch und Speckgrieben bestreuen.

Bohnenkerne mit Pecorino und Basilikum

1,5 kg frische dicke Bohnen
(oder TK-Bohnenkerne)
⅛ l Gemüsefond (aus dem Glas)
1 Kopfsalat
40 g mittelalter Pecorino
(oder junger Parmesan)
4 Radieschen
4 schwarze Oliven
Salz
1 El Balsamessig
2 El Olivenöl
2 Stengel Basilikum

Frische Bohnen auspalen und im leise siedenden Gemüsefond 3-4 Minuten garen. Abtropfen lassen, den Fond auffangen. Die abgekühlten Bohnenkerne aus den Hülsen lösen (TK-Bohnen 30 Minuten antauen lassen, aus den Hülsen lösen, dann im Fond garen). Kopfsalat putzen, waschen und trockenschleudern, auf Portionstellern anrichten. Käse grob raspeln. Radieschen ganz dick schälen, die Schalen in feine Streifen schneiden. Olivenfleisch vom Stein und ebenfalls in feine Streifen schneiden. Bohnenkerne auf die Salatblätter legen und leicht salzen. Gemüsefond mit Essig und Öl kräftig verschlagen, über Bohnen und Salatblätter gießen. Radieschen- und Olivenstreifen darüberstreuen, Käse darauf anrichten. Basilikumblätter abzupfen, den Salat damit garnieren und sofort servieren.

Spinat-Möhren-Rohkost mit Fischfilet

500 g Kabeljaufilet
Salz
Pfeffer
8 El Zitronensaft
1 Prise Zucker
8 El Traubenkernöl
250 g grober Blattspinat
375 g Möhren
1 Bund Schnittlauch
40 g Butterschmalz

Fischfilet abspülen, trockentupfen und schräg in 3-4 cm dicke Scheiben schneiden. Fischstücke mit Salz und Pfeffer würzen, mit 2 El Zitronensaft beträufeln und zugedeckt kalt stellen. Restlichen Zitronensaft mit Salz, Pfeffer und Zucker verrühren, dann das Öl nach und nach unterrühren. Spinat putzen, dabei alle Stiele entfernen, Blätter gut waschen und trockenschleudern. Möhren schälen, waschen und grob raspeln. Schnittlauch in Röllchen schneiden, mit den Möhren und der Hälfte der Vinaigrette mischen. Fischfilet im heißen Butterschmalz von beiden Seiten goldbraun braten, dabei vorsichtig wenden. Spinat auf Tellern anrichten, mit der restlichen Vinaigrette beträufeln, mit den Möhren und dem warmen Fischfilet anrichten, sofort servieren.

Kleine Gerichte für zwischendurch oder als Vorspeise

Mozzarella im Schinkenhemd zu Tomaten

(Bild Seite 201)

6 Portionen
600 g Mozzarella
100 g Parmaschinken
3-5 Frühlingszwiebeln oder
1 Bund Schnittlauch
Basilikumblättchen
4 große Tomaten

Käse in knapp fingerdicke Streifen schneiden. Jeden Streifen mit einer längs doppelt gefalteten Scheibe Schinken umwickeln, so daß oben und unten noch ein Stück Käse sichtbar bleibt. Schinken mit einem Frühlingszwiebelstreifen oder einem Schnittlauchhalm umgürten un ein Basilikumblättchen einbinden. Röllchen auf Tellern anrichten und Tomatenachtel dazulegen. Tomaten nach Belieben mit Pfeffer und Salz würzen.

Marinierte Krabben auf Tomaten

▷

8 kleine Tomaten (à 75 g)
1 El Zitronensaft
1 El Essig
Salz
3 El Sonnenblumenöl
Pfeffer
150 g Nordseekrabben
2 Tl feingehackter Dill
Remoulade (aus der Tube)
8 Dillzweiglein
4 Scheiben Zitrone

Tomaten waschen, achteln. Zitronensaft und Essig in eine kleine Schüssel geben, eine Prise Salz darin auflösen, Öl hinzufügen und mit dem Schneebesen rühren, bis eine sämige Sauce entstanden ist, mit Pfeffer abschmecken. Krabben und Dill unterheben, etwas ziehen lassen. Tomatenschnitze sternförmig auf eine Platte oder auf 4 Teller legen. Die marinierten Krabben darauf anrichten. Zwischen jeden Tomatenschnitz einen Tupfer Remoulade setzen, Krabben mit Zitronenscheiben und Dillzweiglein garnieren.

Tomaten-Mozzarella-Spießchen

1-2 Rund Rucola
16 Mini-Mozzarellakugeln
Salz, schwarzer Pfeffer
Olivenöl zum Beträufeln
16 Kirschtomaten

Rucola abbrausen und grobe Stengel abknipsen. Mozzarellakugeln salzen, pfeffern und mit etwas Olivenöl beträufeln. Auf einen Zahnstocher je eine Käsekugel, 1-2 zusammengefaltete Rucolablätter und eine Kirschtomate stekken. Tomaten-Mozzarella-Spießchen auf einer Platte hübsch anrichten. Dazu schmeckt Baguette.

Herzhafte gefüllte Eier △

8 hartgekochte Eier
200 g Doppelrahmfrischkäse
2 Tl Tomatenmark (aus der Tube)
1 Tl Tomatenketchup
4 schwach gehäufte El geschlagene Sahne
Salz
Pfeffer
1 Prise Zucker
8 gefüllte Oliven
8 Petersilienzweige

Eier längs halbieren, das Eigelb herauslösen und fein zerdrücken. Doppelrahmfrischkäse zusammen mit Tomatenmark, Ketchup und der Schlagsahne glattrühren. Eigelb unter die Masse rühren, kräftig mit Salz, Pfeffer und Zucker abschmecken. Die Käsecreme in einen Spritzbeutel füllen und die Eihälften dekorativ füllen. Oliven halbieren, Petersilie waschen, trockentupfen. Eihälften mit Oliven und Petersilie garnieren. Auf Salatblättern anrichten und Tomatenmarktupfer auf die Salatblätter setzen, dann sofort servieren.

Gemüsetatar

1 Becher Sahnejoghurt
1 El Zitronensaft
1 El Crème fraîche
1 El Senf
1 Tl Sojasauce
Pfeffer, Salz
1 Möhre
100 g Zucchini
150 g Salatgurke
1 Frühlingszwiebel
1 Fleischtomate
125 g Avocado
3 Radieschen
50 g Blumenkohl
1 Bund Schnittlauch

Für die Salatsauce Joghurt mit Zitronensaft, Crème fraîche, Senf, Sojasauce, Pfeffer und Salz verrühren. Alle Gemüse putzen und in sehr feine Würfel schneiden, unter die Sauce mischen und mit Schittlauchröllchen bestreut sofort servieren (das Tatar verträgt keine langen Wartezeiten, weil es dann wässrig wird).

Grapefruit-Krabben-Cocktail ▷

2 Grapefruits
100 g Champignons
150 g Staudensellerie
200 g Tiefseekrabben
12 schwarze Oliven
1 Becher Crème fraîche
1 El Tomatenketchup
Saft einer halben Zitrone
Salz
weißer Pfeffer
Zucker

Grapefruits halbieren. Dabei die Früchte rundherum zickzack-förmig bis zur Mitte hin einschneiden, so daß die Hälften einen gezackten Rand bekommen. Fruchtfleisch herauslösen und in Würfel schneiden. Die Körbchen aushöhlen. Champignons putzen, waschen und blättrig schneiden. Staudensellerie waschen und in feine Scheiben schneiden. Champignons und Sellerie mit den Grapefruitwürfeln, Tiefseekrabben und Oliven mischen und in die Körbchen füllen. Für die Sauce Crème fraîche mit Tomatenketchup und Zitronensaft verrühren und mit Salz, Pfeffer und Zucker abschmecken. Über den Grapefruit-Cocktail verteilen und mit etwas Selleriegrün garniert servieren.

Gefüllte Orangen ▷

1 Avocado (300 g)
Saft von 1 ½ Zitronen
250g Spargel oder
1 kleine Dose Spargel
100 g Bündner Fleisch in Scheiben
2 Orangen
2 El Cognac
Salz
weißer Pfeffer
Zucker
2 El gehackter Kerbel

Avocado der Länge nach halbieren und den Stein herausdrehen. Fruchtfleisch herauslösen und in Würfel schneiden. Sofort mit der Hälfte des Zitronensaftes beträufeln, damit sie nicht braun werden. Orangen halbieren und aushöhlen. Spargel in kochendem Wasser mit einer Prise Zucker bißfest garen. (Dosen-) Spargel auf einem Sieb gut abtropfen lassen und in ca. 2 cm lange Stücke schneiden. Bündner Fleisch würfeln. Avocadowürfel, Orangenfleisch, Spargelstücke und Bündner Fleisch in eine Schüssel geben. Restlichen Zitronensaft mit Cognac verrühren und mit Salz, Pfeffer und ½ Tl Zucker herzhaft abschmecken. Über den Salat gießen und alles vorsichtig miteinander vermischen. Alles dekorativ in die Orangenhälften füllen und mit Kerbel bestreut servieren. Dazu paßt frisches Baguette.

Lammsalat »Dakota«

▷

400 g ausgelöste Lammkeule
100 g gekochte Gerste
100 g Sonnenblumenkerne
100 g Rucola
250 g Kirschtomaten
etwas Olivenöl zum Braten
Salz, Pfeffer

Für das Dressing:
2 El Weißweinessig
2 Tl Senf
1 Prise Salz, Pfeffer
1 Prise Zucker
2 El gehackte frische Pfefferminze
6 El Olivenöl
1 El gehacktes Basilikum

Die Sonnenblumenkerne in einer Pfanne ohne Fett goldbraun rösten, abkühlen lassen und mit der gekochten Gerste vermischen (etwas zum Garnieren zurückbehalten). Für das Dressing alle Zutaten der Reihenfolge nach gut miteinander verschlagen. Einen Teil davon unter die Gerste mit den Sonnenblumenkernen geben, durchziehen lassen. In der Zwischenzeit die Lammkeule in kleinere Stücke teilen. Im erhitzten Olivenöl rosa braten, ruhen lassen, dann in dünne Scheiben schneiden und mit Salz und Pfeffer würzen. Rucola und Tomaten putzen und waschen. Die Tomaten halbieren oder vierteln. Auf vier Tellern dekorativ verteilen, Gerste mit den Sonnenblumenkernen dazugeben, das Lammfleisch darauf verteilen und mit Dressing beträufeln. Zum Schluß mit einigen Sonnenblumenkernen bestreuen.

Austernpilztörtchen mit Roquefort

Für den Teig:
125 g Mehl
1 Prise Salz
65 g eiskalte Butter
1 Eigelb
1 El Crème fraîche

Für die Füllung:
500 g Austernpilze
2 El Öl
Salz, 1 Ei
schwarzer Pfeffer
1 Prise Cayennepfeffer
100 g Roquefort
2 El Crème fraîche
2 Bund Basilikum
Fett für die Förmchen

Mehl, Salz, Butter in Flöckchen, Eigelb und Crème fraîche zu einem geschmeidigen Teig verkneten. Zur Kugel formen und mindestens 1 Stunde ruhen lassen. Austernpilze putzen und in schmale Streifen schneiden. In heißem Öl braten, bis fast alle Flüssigkeit verdunstet ist. Mit Salz, Pfeffer und Cayennepfeffer würzen. Abkühlen lassen. Roquefort mit einer Gabel zerdrücken. Ei und Crème fraîche untermischen. Basilikum abbrausen, abzupfen und 20 schöne Blättchen beiseitelegen. Die restlichen in schmale Streifen schneiden und mit den Pilzen unter die Käsemischung heben. Teig 2 mm dünn ausrollen, gefettete Mini-Tortelett-Förmchen damit auslegen. Die Füllung darin verteilen und im Ofen bei 175 Grad 20-25 Minuten backen. Mit restlichen Basilikumblättchen garnieren. Warm oder kalt reichen.

Mini-Fischbuletten mit Rote-Bete-Dip

Für den Rote-Bete-Dip:
6-8 Cornichons
250 g Sahnequark
3 El Rote-Bete-Saft
Salz
weißer Pfeffer
1 Prise Zucker
1 Msp. Cayennepfeffer
Zitronensaft

Für die Fischbuletten:
300 g Kabeljaufilet
2 El Crème fraîche
1 Eigelb
1 unbehandelte Zitrone
1 El Semmelbrösel
1 Bund Dill
2-3 El Butterschmalz

Cornichons fein hacken, mit Sahnequark und Rote-Bete-Saft mischen. Dip mit Salz, Pfeffer, Zucker, Cayennepfeffer und Zitronensaft würzen. Kalt stellen. Kabeljaufilet in grobe Stücke schneiden, mit Crème fraîche und Eigelb im Mixer pürieren. Die Masse mit 1 Tl abgeriebener Zitronenschale, Zitronensaft, Pfeffer und Salz kräftig würzen. Semmelbrösel untermischen. Dill abbrausen, abzupfen, fein hacken und in die Farce rühren, nochmals abschmecken und mit angefeuchteten Händen ca. 25 fünf-Mark-Stück-große, 1 cm hohe Buletten formen. Butterschmalz in einer Pfanne erhitzen und die Fischbuletten auf jeder Seite ca. 1 Minute goldbraun braten. Warm oder kalt mit dem Dip reichen.

Gefüllte Mini-Zucchini

500 g Mini-Zucchini

Für die Füllung:
100 g Geflügelleber
4 El Olivenöl
1 El gehackte Pistazien
1 Knoblauchzehe
2 El Crème fraîche
1 Prise Kreuzkümmel
1 Prise Zimt
Salz
schwarzer Pfeffer
1 Bund frische Minze

Geflügelleber in grobe Stücke schneiden, in der Hälfte des Olivenöls 3-4 Minuten kräftig braten. Pistazien zufügen, Knoblauchzehe dazudrücken. Geflügelleber pürieren, etwas abkühlen lassen, mit Crème fraîche mischen. Mit Kreuzkümmel, Zimt, Salz und Pfeffer kräftig würzen. Minze abbrausen, von zwei Zweigen die Blättchen abzupfen, in feine Streifen schneiden, unter die Farce mischen. Kalt stellen. Zucchini waschen, vom Stengelansatz befreien und längs halbieren. Im restlichen Olivenöl mit der Schnittfläche nach unten 3 Minuten bei mittlerer Hitze braten. Salzen, pfeffern, etwas abkühlen. Die Füllung jeweils auf eine Zucchinihälfte streichen, einen kleinen Minzezweig darauflegen, so daß man ihn sieht, die zweite Zucchinihälfte darauflegen und etwas andrücken. Tip: Wer keine Mini-Zucchini bekommt, kann die Füllung auch zwischen angebratene Zucchinischeiben geben. Mit Minzeblättchen verzieren und sofort servieren.

Avocado mit Räucherlachs △

4 Avocados
200 g Räucherlachs
50 g Forellenkaviar
3-4 El Zitronensaft
150 ml Milch
1 Tl mittelscharfer Senf
Salz
Pfeffer

Zwei Avocados halbieren, den Kern herauslösen und schälen. Fruchtfleisch mit Zitronensaft, Milch und Senf pürieren. Mit Salz und Pfeffer kräftig abschmecken. Die restlichen zwei Avocados ebenfalls halbieren, Kern herauslösen und schälen. Quer in Scheiben schneiden. Jeweils eine Hälfte mit ca. 3 Scheiben Räucherlachs und etwas Forellenkaviar auf einem Teller an-richten. Nach Belieben garnieren. Die Avocadosauce zu den vorbereiteten Avocadohälften reichen.

Thymianleber auf Blattsalat

▷

6 Portionen
300 g Gänse- oder Kalbsleber
weißer Pfeffer
2 El frische Thymianblättchen
100 g Friséesalat
1 Radicchio
1 Eichblattsalat
6 El Zitronenessig
4 El Weißwein
3 El Sonnenblumenöl
3 El Walnußöl
1 Tl scharfer Senf
Salz
Pfeffer
3 Schalotten
1 El Butterschmalz
100 g Kirschtomaten

Leber waschen, trockentupfen und in Scheiben schneiden. Rundherum mit Pfeffer und Thymianblättchen würzen, zugedeckt kalt stellen. Salatblätter putzen, waschen, trockenschleudern und auf 6 Tellern anrichten. Essig, Weißwein, Öl, Senf, Salz und Pfeffer verrühren. Schalotten abziehen und fein hacken. Schalottenwürfel im Butterschmalz goldgelb anschwitzen. Leberstreifen dazugeben, rundherum ca. 4 Minuten braten. Leber herausnehmen, die Pfanne von der Platte ziehen. Die Salatmarinade in die Pfanne gießen, einmal schwenken, dann gleichmäßig über die Salatblätter träufeln. Kirschtomaten waschen, halbieren. Mit der Leber zum Salat geben und mit Pfeffer übermahlen.

Crespelle mit grünem Spargel und Parmesan

6 Portionen
100 g Mehl
¼ l Milch
3 Eier
Salz
Zucker
750 g grüner Spargel
40 g Butterschmalz
60 g Butter
80 g Parmesan
50 g Kerbel

Mehl in eine Schüssel geben. Die Milch nach und nach mit dem Schneebesen einrühren, so daß ein flüssiger Teig entsteht. Eier, 1 Prise Salz und 1 gestrichenen Teelöffel Zucker mit dem Schneebesen kräftig darunterschlagen. Den Teig 30 Minuten ausquellen lassen. Vom Spargel am unteren Ende 2 cm abschneiden. Die Stangen nur am unteren Drittel schälen, dann waschen und halbieren. Spargelstücke mit ⅛ l Wasser, je 1 Prise Salz und Zucker im geschlossenen Topf 6-8 Minuten garen, dann von der Kochstelle ziehen. Für die Crespelle in einer Pfanne vonca. 15 cm Durchmesser jeweils 1 Tl Butterschmalz erhitzen. Eine kleine Schöpfkelle Teig in der Pfanne zerlaufen lassen und ca. 1 Minute stocken lassen. Dann wenden und eine weitere Minute braten. Nacheinander 6 Crespelle braten und aufeinanderlegen, dann auf vorgewärmte Teller verteilen. Spargel abtropfen lassen und auf den Crespelle verteilen, Crespelle halb darüberklappen. Butter in einem Pfännchen bräunen, über den Spargel gießen, frisch geriebenen Parmesan darüberstreuen, Kerbelzweige dazulegen und sofort servieren.

Bratäpfel mit Fleischfüllung

▷

4 große, herb-säuerliche Äpfel
2 El Zitronensaft
70 g gemischtes Hackfleisch
70 g fein gehackte Kalbsleber
½ Tl gehackter Salbei
Salz
weißer Pfeffer
1 Prise Zucker
20 g Butter für die Form
⅛ l Weißwein

Äpfel waschen, aushöhlen. Fruchtfleisch hacken, mit 1 El Zitronensaft mischen. Mit dem Hackfleisch, der Leber, Salbei, Salz, Pfeffer, Zucker und restlichem Zitronensaft vermengen, kräftig abschmecken. Äpfel mit der Masse füllen, in eine flache, mit etwas Butter gefettete Auflaufform setzen. Restliche Butter in Flöckchen darauf verteilen, Weißwein angießen. Im Ofen bei 200 Grad 30 Minuten backen.

Bohnen-Tomaten-Sülze

800 g reife Tomaten
1 Bund Suppengrün
5 Schalotten
3 El Öl
1 Lorbeerblatt
1 El Pfefferkörner
Salz
1 Prise Zucker
5 Blatt Liebstöckel
½ l (Instant-)Gemüsebrühe
100 g Salami
200 g grüne Prinzeßbohnen oder dünne Buschbohnen
100 g Wachsbohnen
8 Blatt weiße Gelatine
1-2 Stengel Petersilie
1-2 El Essig
½ Zitrone
Pfeffer

Tomaten putzen, waschen, vierteln. Suppengrün waschen, in kleine Stücke teilen. Eine Schalotte abziehen, klein hacken. Schalotte und Suppengrün in 1 El Öl anschwitzen. Tomaten, Lorbeer, Pfefferkörner, Salz, Zucker und Liebstöckel zugeben. Mit Brühe ablöschen, einmal aufkochen, 30 Minuten bei milder Hitze ziehen lassen. Salami in schmale, 1-2 cm lange Streifen schneiden. Bohnen putzen, waschen, in kochendem Salzwasser bißfest garen, Wachsbohnen ca. 12 Minuten, die grünen ca. 10 Minuten. Danach kalt abschrecken und abtropfen lassen. In 2-3 cm lange Stücke schneiden. Gelatine einweichen. Tomatensuppe durch ein Sieb gießen, aber nicht passieren. Gelatine in der heißen Suppe auflösen, abschmecken. Bohnen und Salami unterrühren. In eine kalt ausgespülte kleine Kastenform füllen und im Kühlschrank zugedeckt fest werden lassen. Für die Vinaigrette die restlichen Schalotten abziehen, fein würfeln. Gehackte Petersilie unterheben, mit Essig, Zitronensaft, 4 El Wasser, Salz, Pfeffer und 2 El Öl anrühren. Sülze stürzen, in Scheiben schneiden, mit Sauce anrichten.

Spargelsülze

250 g Putenbrustfilet
Pfeffer
Curry
3 El Öl
Salz
300 g grüner Spargel
1-2 Stengel Estragon
6 Blatt weiße Gelatine
1 Tl gekörnte Brühe
2-3 El Weißweinessig
2 gelbe Paprikaschoten (250 g)
1-2 Schalotten
⅛ l (Instant-)Gemüsebrühe
Muskat

Fleisch kalt abbrausen, trockentupfen. Mit Pfeffer und Curry würzen. In 2 El Öl von beiden Seiten braten. Salzen, abkühlen lassen, das Fett abtupfen. Dann in dünne Streifen schneiden. Spargel im unteren Drittel schälen, in 3 cm lange Stücke schneiden. Spargelstücke ohne die Spitzen in gut ½ l kochendem Salzwasser mit Estragon 10 Minuten garen. Dann die Spitzen dazugeben und weitere 5 Minuten kochen lassen. Kalt abschrecken, abtropfen lassen. Gelatine einweichen. Gekörnte Brühe in ½ l Spargelsud auflösen, alles durch ein feines Sieb geben. Gelatine darin auflösen. Mit Salz, Pfeffer und Essig kräftig abschmecken. Spargelsud ½ cm hoch in eine kalt ausgespülte kleine Kastenform gießen, fest werden lassen. Alle Zutaten in die Form schichten, restlichen Sud darübergießen. Sülze im Kühlschrank fest werden lassen. Für die Sauce Paprika putzen, waschen, kleinschneiden. Schalotten würfeln. Im restlichen Öl anschwitzen. Paprika mit Brühe weich dünsten, mit Salz, Pfeffer und Muskat würzen, pürieren, durch ein Sieb streichen. Sülze stürzen, Scheiben abschneiden, mit Sauce anrichten.

Mozzarella Mezzanotte

je 1 rote, gelbe und grüne Paprikaschote
100 g getrocknete Tomaten
4 El Himbeeressig
Salz
Pfeffer
6 El Olivenöl
250 g Kirschtomaten
150 g Rauke
1 Bund Basilikum
300 g Mozzarella

Paprikaschoten halbieren, entkernen, waschen und mit der Hautseite nach oben auf ein Backblech legen, 6-8 Minuten unter den Grill schieben. Wenn die Haut Blasen wirft und braun wird, die Schoten häuten und in Rauten schneiden. Getrocknete Tomaten würfeln und mit Essig, Salz, Pfeffer und Öl verrühren. Kirschtomaten waschen und halbieren. Raukeblätter waschen, trocknen und grob zerschneiden. Basilikumblätter grob hacken. Jede Mozzarellakugel in 4 Scheiben schneiden, auf ein Backblech legen und im Ofen bei 200 Grad 4-6 Minuten erwärmen, aber nicht schmelzen lassen. Inzwischen Paprika, Kirschtomaten, Rauke und Basilikum in der Salatsauce wenden und auf 4 Tellern anrichten. Mozzarellascheiben in die Mitte legen und mit restlicher Salatsauce beträufeln.

Avocado-Sardellen-Aufstrich

△

2 Avocados (à 250 g)
1 Tl Zitronensaft
1 Gläschen Sardellenringe mit Kapern in Öl
Pfeffer
1 El fein geschnittener Schnittlauch

Avocados längs halbieren, Kern entfernen, Fruchthälften dünn schälen. Das Fruchtfleisch mit einer Gabel sehr fein zerdrücken, Zitronensaft daruntermischen. Sardellenringe abtropfen lassen, entrollen, unter lauwarmem Wasser abspülen und sehr fein hacken. Unter das Avocadopüree mischen, mit Pfeffer abschmecken. Den Aufstrich in ein kleines Töpfchen füllen, mit Schnittlauch bestreut sofort servieren.

Gefüllte Fleischtomaten

▷

4 Fleischtomaten (à ca. 200 g)
200 g Lyoner
1 kleine Zwiebel
Edelsüßpaprikapulver
Salz
Pfeffer
je 100 g gelbe und grüne
1 Paprikaschoten
125 g Salatmayonnaise
3 El gehackte Kräuter (Petersilie, Schnittlauch, Kresse)

Tomaten waschen, jeweils einen Deckel abschneiden. Mit einem Eßlöffel aushöhlen. Die Wurst pellen, in mundgerechte Streifen schneiden. Zwiebel in Ringe schneiden. Paprikaschoten putzen, in Würfel schneiden. Die vorbereiteten Zutaten mit den Kräutern und der Mayonnaise vermischen, mit Paprikapulver, Salz und Pfeffer würzen. In die ausgehöhlten Tomaten füllen, Deckel aufsetzen, evtl. mit Petersilie garnieren und möglichst sofort servieren.

Ziegenkäse in Öl

12 Portionen
300 g frischer Ziegenkäse
80 g Rauke
Schale einer halben unbehandelten Zitrone
1 Bund Schnittlauch
50 g roter Kaviar (Keta oder roter Seehasenrogen)
30 g kleine Kapern
12 El Olivenöl

Käse in 12 Stücke teilen, in eine große flache Schüssel oder Portionsschälchen geben. Rauke und Zitronenschale in feine Streifen, Schnittlauch in 4 cm lange Stücke schneiden. Beides auf dem Käse verteilen. Mit Kaviar und abgetropften Kapern garnieren und mit Öl begießen. Käse vor dem Servieren 1-2 Stunden durchziehen lassen.

Bruschetta - Geröstetes Tomatenbrot

6 kleine, sehr reife Tomaten (am besten Eiertomaten)
3 Knoblauchzehen
7 El Olivenöl
Salz
Pfeffer
8 kleine Scheiben Bauernbrot
einige Basilikumblättchen

Tomaten waschen, überbrühen und abziehen, halbieren, entkernen. Mit einer Gabel zerdrücken. Abtropfen lassen. Knoblauch abziehen, eine Zehe winzig klein würfeln, die übrigen halbieren. Tomaten mit Knoblauchwürfeln, etwas Öl, Salz und Pfeffer mischen. Brotscheiben mit etwas Öl beträufeln, in einer Pfanne knusprig braten, mit den halbierten Knoblauchzehen einreiben, mit übrigem Öl beträufeln. Tomatenmischung auf die Brote verteilen und mit Basilikum belegen.

Apfel-Hackfleisch-Spießchen

▷

125 g Tatar
125 g gemischtes Hackfleisch
1 kleine Zwiebel
1 El Paniermehl
2 El Rosinen
Salz, 1 Ei
Pfeffer
Edelsüßpaprikapulver
2 El Butterschmalz
100 g durchwachsener Speck
2 Äpfel (400 g)
20 g Butter
etwas Zucker
Schnittsellerie
(ersatzweise Petersilie)

Hackfleisch mit der fein gehackten Zwiebel, Ei, Rosinen und Paniermehl gut verkneten. Kräftig mit Salz, Pfeffer und Paprikapulver abschmecken. Kleine Bällchen formen, in heißem Butterschmalz in der Pfanne rundum braun braten, warm stellen. Speck etwa gleichgroß wie die Hackfleischbällchen würfeln und kroß braten. Äpfel waschen, abreiben, halbieren und achteln. Butter schmelzen. Die Äpfel mit etwas Zucker bestreut kurz darin braten. Mit etwas Salz und Paprikapulver würzen. Hackfleischbällchen, Speck und Äpfel abwechselnd auf Holzspießchen stecken. Mit Schnittsellerie garnieren. Dazu paßt Salat und Baguette.

Riesengarnelen in Tomaten-Orangen-Butter

12 Portionen
1 große Dose geschälte Tomaten (ca. 400 g)
1-2 unbehandelte Orangen
12 (TK-)Riesengarnelen (mit Schale, ohne Kopf, à ca. 50 g)
Salz
1 El Zitronensaft
2 El Öl
60 g kalte Butter
Zucker
1 Msp. Cayennepfeffer

Tomatensud abgießen und Tomaten grob hacken. Ca. 10 cm Schale von einer Orange dünn abschälen und in feine Späne schneiden. ⅛ l Saft auspressen. Tomaten und Orangensaft im offenen Topf 5 Minuten kochen, dann durch ein sehr feines Sieb gießen, dabei leicht ausdrücken. Den Fond auf gut ⅛ l einkochen. Inzwischen die aufgetauten Garnelen bis auf die Schwanzflosse schälen. Dann längs so aufschneiden, daß sie nur noch am Schwanz zusammenhalten. Darm entfernen, kurz kalt abspülen, trockentupfen und mit Salz und Zitronensaft würzen. Das Öl in eine ofenfeste Form gießen, Garnelen hineinlegen. Auf dem Backofenboden bei 225 Grad 8-10 Minuten garen. Inzwischen die Butter in Flöckchen mit dem Schneebesen unter den sprudelnd kochenden Fond schlagen. Mit Salz, etwas Zucker und Cayennepfeffer würzen. Garnelen aus dem Ofen nehmen und mit der Buttersauce begießen. Orangenschalenspäne über die heißen Garnelen streuen.

Shrimps-Mousse

12 Portionen
4 Blatt weiße Gelatine
4 Eier
1 gestr. Tl mildes Currypulver
Salz
Zucker
1 Becher Sahne
300 g Shrimps (Grönlandkrabbenfleisch)
2 Tl Gin
weißer Pfeffer
1 Tl Öl
10 g Butter
½ Salatgurke
1 Kästchen Kresse

Gelatine in kaltem Wasser einweichen. Eier trennen, jeweils zwei Eiweiß in ein kleines Gefäß geben und beiseitestellen. Eigelb mit Curry, je 1 Prise Salz und Zucker und Sahne in einem Topf mit schwerem Boden mit dem Schneebesen verrühren. Unter ständigem Schlagen erhitzen, aber nicht kochen lassen. Sobald die Masse dicklich wird, den Topf vom Herd nehmen und noch mal 1 Minute schlagen. Dann durch ein Haarsieb in eine Edelstahlschüssel gießen. Gelatine ausdrücken und in der heißen Masse auflösen. 200 g Shrimps fein hacken und mit dem Gin untermischen. Mit Salz und Pfeffer würzen, kalt stellen, dabei ab und zu durchrühren. Sobald die Masse auch in der Mitte zu gelieren anfängt, 2 Eiweiß mit 1 Prise Salz zu steifem Schnee schlagen. Eigelbmasse mit dem Schneebesen durchrühren, dann den Eischnee unterziehen. Die Mousse in eine dünn ausgefettete Form füllen und zugedeckt über Nacht fest werden lassen. Restliches Eiweiß im Fett braten, kalt werden lassen und fein würfeln. Salatgurke schälen, längs halbieren, Kerne herauskratzen, fein würfeln. Kresse vom Beet schneiden. Die Form kurz in warmes Wasser halten und die Mousse auf eine Servierplatte stürzen. Mit den restlichen Shrimps, Ei, Gurke und Kresse garnieren.

Kalbszunge und Zucchini in Dillvinaigrette

1 Kalbszunge (gepökelt, ca. 1 kg)
Salz
2 Bund Dill
1 Schalotte
1 Tomate (ca. 80 g)
2 El Sherryessig
Pfeffer
1 Prise Zucker
8 El Öl
2 Zucchini (ca. 250 g)

Kalbszunge in 2 l Salzwasser aufsetzen und 2 Stunden bei milder Hitze garen. Kalt abschrecken und häuten. Dill von den groben Stielen zupfen und fein hacken, Schalotte pellen und fein würfeln. Tomate vierteln und entkernen, fein würfeln. Dill und Schalotte mit Essig, Pfeffer, Zucker und Öl verrühren, die Tomatenwürfel unterheben. Die Vinaigrette 10-15 Minuten ziehen lassen. Die Kalbszunge von Fett und Zungenansatz befreien. In 2-3 mm dünne Scheiben schneiden. Zucchini waschen, putzen und 1-2 mm dünne Scheiben schneiden. Beides auf 4 Portionstellern anrichten. Mit Hilfe eines Pinsels mit der Vinaigrette überziehen.

Mini-Roquefort-Tartes

△

150 g (TK-) Blätterteig
50 g Roquefort
1 Ei
2 El Crème fraîche
schwarzer Pfeffer

Aufgetauten Blätterteig mit Wasser bestreichen, übereinander legen und 4-5 mm dick ausrollen. Tortelettförmchen (10 cm Ø) mit kaltem Wasser ausspülen und mit dem Blätterteig auskleiden.

Roquefort mit einer Gabel fein zerdrücken, das Ei und die Crème fraîche unter Rühren dazugeben, in die Förmchen verteilen und im Ofen bei 220 Grad ca. 15 Minuten goldbraun backen.

Gefüllte Avocado

▷

150 g Mortadella
(in dünnen Scheiben)
75 g Salatgurke
2 El Essig
1 El Öl
1 Tl milder Senf
Pfeffer
Salz
2 El fein gehackte Petersilie
2 Avocados (à 300 g)
Petersiliensträußchen

Mortadella in sehr feine Streifen schneiden, Salatgurke schälen, erst in dünne Scheiben, dann ebenfalls in sehr feine Streifen schneiden. Aus Essig, Öl, Senf, Pfeffer, Salz und Petersilie eine pikante Marinade herstellen, Mortadella- und Gurkenstreifen hinzugeben, vorsichtig vermengen und ein wenig durchziehen lassen. Avocados mit einem Messer der Länge nach halbieren, den Stein entfernen und jeweils eine Hälfte auf einen Glasteller legen. Den Wurstsalat auf die Avocadohälften häufen und mit Petersiliensträußchen garniert servieren.

Gebackene Steinpilze auf Weinblättern

10 Portionen
750 g möglichst kleine frische Steinpilze oder 500 g große rosa Champignons
30 frische Weinblätter (oder 1 Glas eingelegte)
2-3 Knoblauchzehen
Salz
schwarzer Pfeffer
1 El Zitronensaft
2-3 El Olivenöl

Steinpilze putzen (bei jungen Pilzen die Röhren nicht entfernen), kurz waschen, gut abtropfen lassen. Sehr große Pilze halbieren oder vierteln. Weinblätter waschen und nebeneinander auf Küchenkrepp legen. Stiele abschneiden. (Weinblätter aus dem Glas in reichlich kaltes Wasser legen, gut abspülen, abtropfen lassen). Knoblauchzehen sehr fein hacken. Weinblätter auf einem Backblech verteilen (je nach Größe 2-3 übereinander). Die Pilze darauf verteilen (60-70 g pro Portion). Pilze leicht salzen und mit Knoblauch bestreuen. Im Ofen bei 200 Grad 10-12 Minuten garen. Die frischen Weinblätter kräuseln sich während des Backens hoch auf und hüllen die Pilze fast ein. (Bei Weinblättern aus dem Glas funktioniert das nicht ganz so gut.) Anschließend auf Portionstellern anrichten. Vor dem Servieren pfeffern, mit Zitronensaft und Olivenöl beträufeln.

Spargel-Tofu-Salat

▷

250 g Tofu
2 Frühlingszwiebeln
30 g Sauerampfer
(ersatzweise Kresse)
1 Stück frischer Ingwer
(ca. 3 cm)
400 g grüner Spargel
1 El Sojasauce

Für das Dressing:
4 El Sojasauce
4 El Zitronensaft
3 Tl Zucker
abgeriebene Schale
einer halben Zitrone
5 El Sesamöl

Spargel am unteren Drittel schälen und schräg in 5 cm lange Stücke schneiden. Wasser mit 1 El Sojasauce zum Kochen bringen und den Spargel 5 Minuten darin garen, die Spitzen nur 3 Minuten. Die Zutaten für das Dressing miteinander verrühren. Tofu nach Packungsanweisung vorbereiten, mit dem Spargel und dem Dressing vorsichtig vermischen. Frühlingszwiebeln putzen, waschen und fein würfeln. Sauerampfer waschen, trockentupfen, in Streifen schneiden und unterheben. Ingwer schälen, fein reiben und dazu reichen. Möglichst sofort servieren.

Artischocken mit zwei Saucen

Pro Person je
1 große Artischocke
Zitronensaft
Salzwasser

Für die Sauce Vinaigrette:
3 El Weißweinessig
Salz
Pfeffer
1 Tl Dijon-Senf
1 fein gehackte Schalotte
1 El gemischte, gehackte
Kräuter
9 El Olivenöl

Für die Senf-Mayonnaise:
3 Eigelb
1 El Estragon-Essig
200 ml Pflanzenöl
75 g Joghurt
½ Tl Dijon-Senf
1 Tl gehackte Kapern

Artischocken gründlich waschen. Stiel abschneiden. Schnittstelle mit Zitronensaft abreiben. Artischocken in einem großen Topf mit sprudelndem Salzwasser bei geschlossenem Deckel 20-40 Minuten (je nach Größe) kochen. Für die Sauce Vinaigrette 1 El Essig mit Salz, Pfeffer und Senf verrühren. Übrigen Essig, Schalotte und Kräuter unterrühren. Nach und nach das Öl einarbeiten. Für die Senf-Mayonnaise Eigelb mit Essig schaumig schlagen. Öl nach und nach einarbeiten. Joghurt, Senf und Kapern unterziehen. Für jeden Gast eine warme Artischocke anrichten und die Saucen dazustellen.

Birnensalat mit Räucheraal

▷

2 kleine Birnen
100 g Räucheraal
1-2 Zweige frischer Majoran
Salz
1 El Zitronensaft
2 El Öl
schwarzer Pfeffer

Birnen schälen, halbieren, längs in dünne Spalten schneiden und rosettenförmig auf 4 Tellern anrichten. Den Räucheraal häuten und in kleine Stückchen zerpflückt auf den Birnen verteilen. Die Blätter von den Majoranzweigen abpflücken. Zwei Drittel davon fein hacken und in eine kleine Schüssel geben. Mit Salz und Zitronensaft vermischen, dann das Öl dazugießen und zu einer cremigen Sauce rühren. Diese Marinade gleichmäßig über die Salatzutaten gießen. Mit restlichen Majoranblättern und grob gemahlenem Pfeffer bestreuen.

Spinat-Schinken-Hörnchen

250 g Magerquark
250 g Mehl, ½ Tl Salz
250 g kalte Butter

Für die Füllung:
450 g (TK-)Spinat
75 g Zwiebeln
50 g Pinienkerne
100 g roher geräucherter Schinken in Scheiben
50 g Rosinen
1-2 Knoblauchzehen
2 El Olivenöl, 1 Ei
1 El Sesamsaat

Quark, Mehl, Butter und Salz rasch zu einem Teig verkneten. In Folie gewickelt über Nacht kühlen. Aufgetauten Spinat gut ausdrücken. Zwiebeln schälen. Sehr fein hacken, ebenso Pinienkerne, Schinken und Rosinen. Knoblauch durch eine Presse drücken. Öl erhitzen, Zwiebeln darin anbraten. Restliche Zutaten zufügen, gut mischen, abkühlen lassen. Teig halbieren, auf bemehlter Fläche zu einem Rechteck von 40 x 30 cm ausrollen. In 12 Quadrate schneiden, diese jeweils diagonal halbieren. Auf jedes Dreieck einen gut gehäuften Teelöffel Füllung geben, zu Hörnchen aufrollen. Mit restlichem Teig und Füllung ebenso verfahren. Hörnchen auf ein mit Backpapier ausgelegtes Blech setzen. Eigelb mit 2 El Wasser verrühren. Hörnchen damit bestreichen, mit Sesam bestreuen. Im Ofen bei 200 Grad 15-20 Minuten backen und warm servieren.

Gefüllte Weinblätter

8 Portionen
200 g Zwiebeln
200 g Tomaten
8 El Olivenöl
100 g Bulgur (Weizenschrot)
abgeriebene Schale einer unbehandelten halben Zitrone
½ Tl Zimt
Salz
Pfeffer
40 Weinblätter in Salzlake (ca. 100 g)
Saft einer Zitrone

Zwiebeln sehr fein hacken. Tomaten kurz mit kochendem Wasser überbrühen und abschrecken. Haut abziehen, entkernen, sehr klein würfeln. Zwiebeln in 4 El heißem Öl glasig dünsten. Bulgur, Tomaten, Zitronenschale und ¼ l Wasser zufügen. Ca. 15 Minuten garen, bis der Bulgur weich ist. Mit Zimt, Salz und Pfeffer würzen. Weinblätter unter kaltem Wasser gründlich abbrausen. Je 1 El Bulgur auf jedes Weinblatt geben. Blätter über der Füllung einschlagen und aufrollen. Dicht nebeneinander in einen Topf legen. Restliches Öl, Zitronensaft und ¼ l Wasser angießen. Röllchen mit einem Teller beschweren und bei kleiner Flamme 1 Stunde garen.

Apfel-Hühnerleber-Terrine

▷

4 süß-säuerliche Äpfel
500 g Hühner- oder Putenleber
5-6 El Butter
Zitronensaft
Salz
Pfeffer
Muskat
1 Bund glatte Petersilie
2 El Weinbrand oder Sherry
6-8 feste Salbeiblätter (Kopf- oder Romanasalat)
1 Tl Senf

Leber putzen, evtl. Sehnen entfernen, Häute abziehen. Hühnerleber halbieren, Putenleber in große Stücke schneiden. 4 El Butter aufschäumen, die Leber bei mittlerer Hitze darin kurz andünsten, herausnehmen und zugedeckt beiseitestellen. In derselben Butter die geschälten, geviertelten Äpfel andünsten, dabei aufpassen, daß die Butter nicht bräunt. Äpfel und die Leber in der Pfanne mischen, mit Salz, Pfeffer, Muskat und Senf würzen und mit Weinbrand oder Sherry beträufeln. Die Masse etwas abkühlen lassen und fein gehackte Petersilie zufügen. Salatblätter kurz in heißes Wasser legen, dann eine kleine Kastenform damit auskleiden. Die Leber- und Apfelstücke ganz dicht und schön angeordnet hineinschichten. Die restliche Butter zu dem Saft in der Pfanne geben und alles zusammen gleichmäßig in der Terrine verteilen. Salatblätter darüber zusammenschlagen. Die Terrine mit Alufolie verschließen. Eine Bratenform mit heißem Wasser füllen, die Terrine hineinsetzen und im Ofen bei 150 Grad ca. 45 Minuten ziehen lassen. Die Terrine im Kühlschrank auskühlen und fest werden lassen (am besten über Nacht), dabei leicht beschweren, z.B. mit einem Holzbrett.

Roastbeefröllchen

▷

10 Portionen
10 Scheiben kaltes Roastbeef
2 hartgekochte Eier
25-30 frische Minzeblätter
4 El Mayonnaise
Saft einer Zitrone
Salz
weißer Pfeffer
10 Minzesträußchen zum Garnieren

Roastbeefscheiben ausgebreitet auf eine Platte legen. Eier klein hacken, Minzeblätter waschen und in feine Streifen schneiden. Beides mit der Mayonnaise verrühren und mit Zitronensaft, Salz und Pfeffer herzhaft abschmecken. Die Eimasse auf die Roastbeefscheiben streichen und diese zu Röllchen aufrollen. Mit je einem Minzesträußchen garnieren und sofort servieren.

Sesamtaler mit Kräuterkäse

Für die Taler:
125 g Mehl, 1 Eigelb
60 g Butter, Salz
2 El Crème fraîche
50 g Sesamsaat

Für den Kräuterkäse:
300 g Doppelrahmfrischkäse
2 El Zwetschgenschnaps
1 Kästchen Kresse
1 Bund Schnittlauch
schwarzer Pfeffer
2 Bund Petersilie

Mehl mit Eigelb, Butter in Flöckchen, Crème fraîche und Salz zu einem geschmeidigen Teig verkneten und eine Rolle von ca. 3 cm Durchmesser formen, in Sesam wälzen. In Folie gewickelt mindestens 1½ Stunden in den Kühlschrank legen. Inzwischen den Käse mit dem Zwetschgenschnaps verrühren. Kresseblättchen und Schnittlauchröllchen zum Käse geben. Mischen und kräftig salzen und pfeffern. Kalt stellen. Petersilie abbrausen, abtupfen, sehr fein hacken. Aus der Käsemasse mit angefeuchteten Händen 30 Kugeln formen und in der gehackten Petersilie wälzen. Kühl stellen. Teigrolle in 30 gleichgroße Scheiben schneiden. Die Taler auf ein gefettetes Blech setzen, im Ofen bei 175 Grad 12-15 Minuten backen.
Je eine Käsekugel daraufsetzen und ewas andrücken.

Roastbeef-Snack

4 Scheiben Bauernbrot
4 Salatblätter
150 g Roastbeef
8 Radieschen, 40 g Butter
1 Ei, je 3-4 Zweige Petersilie und Dill
2 El Mayonnaise
2 El Sauerrahm

Das Brot mit Butter bestreichen. Salat darauflegen. Roastbeef dekorativ auf den Broten verteilen. Radieschen in Röschen schneiden. Ei erst hartkochen, abkühlen lassen, dann klein würfeln, Kräuter bis auf ein paar Blättchen fein hacken. Mayonnaise mit Sauerrahm, Ei und Kräutern verrühren, in die Salatblätter füllen. Die Schnitten mit Kräutern und Radieschen garnieren.

Eingelegte Auberginen

Für 2-3 Gläser:
1 kg Auberginen
3 El Salz
¾ l Weißweinessig
4 Knoblauchzehen
3 Pfefferschoten
1-2 El getrockneter Oregano
½ l Pflanzenöl

Auberginen grob würfeln. Salzen, über Nacht durchziehen lassen und dann gut auspressen. Mit Essig mischen und über Nacht durchziehen lassen. Gut auspressen. Knoblauch pellen und würfeln, Pfefferschoten in Ringe schneiden. Zusammen mit den Auberginen und Oregano in Gläser schichten, mit Öl bedecken und vor dem Verzehr mindestens 3 Tage ziehen lassen.

Eingelegter Schafskäse mit Oliven

12 Portionen
750 g Schafskäse
1 Glas grüne Oliven (mit Stein, 85 g)
5-6 Knoblauchzehen
5 rote Peperoni
½ Bund Basilikum
10 Salbeiblätter
1 Zweig Rosmarin
1 l Olivenöl

Schafskäse zuerst in Scheiben, dann in Stücke schneiden. Oliven in Spalten vom Stein schneiden. Knoblauch pellen. Peperoni längs halbieren und putzen. Basilikum- und Salbeiblätter von den Stielen zupfen. Rosmarinzweig grob zerpflücken. Die vorbereiteten Zutaten in ein hohes Glas schichten. Mit Olivenöl begießen. Glas leicht auf die Arbeitsfläche stoßen, damit die Luftblasen entweichen. Kalt stellen.

Feldsalat mit Rinderfiletspitzen

△

1 Rinderfiletsteak (250 g)
1 kleiner Kopf Radicchio
100 g Feldsalat
150 g rosa und weiße Champignons
1 kleine rote Zwiebel
20 g Butterschmalz
Salz, Pfeffer

Für die Marinade:
4 El Essig
Salz, 6 El Öl
Pfeffer, ½ Tl Zucker

Salate und Pilze putzen und waschen. Radicchio in Stücke zerteilen, Pilze in Scheiben schneiden. Zwiebel in feine Scheiben schneiden und die Zwiebelringe mit Pilzen und Salat anrichten. Marinadezutaten verrühren und abschmecken. Filetsteak in Streifen im heißen Butterschmalz rundherum anbraten, würzen. Auf den Salat geben, mit der Marinade übergießen.

Carpaccio mit Rauke und Champignons

300 g Rinderfilet
100 g Rauke
(ersatzweise Feldsalat)
100 g Champignons
2 El Zitronensaft
5 El Olivenöl
Pfeffer
Salz

Rinderfilet im Tiefkühlfach etwas anfrieren lassen. Salat verlesen, waschen und trockentupfen. Champignons putzen und in hauchdünne Scheiben hobeln. Zitronensaft und Olivenöl verrühren. Das Filet in hauchdünne Scheiben schneiden. Jede Scheibe mit dem Messer noch dünner auseinanderstreichen und nebeneinander auf 4 Teller legen. Salatblätter und Champignons daneben anrichten und Zitronenöl über das Fleisch träufeln. Pfeffer darübermahlen und leicht salzen.

Matjessalat mit Rettich und Rucola

1 großer weißer Rettich
2 mittelgroße rote Rettiche oder
1 dicker Bund Radieschen
250 g Kirschtomaten
1 rote Zwiebel
1 Bund Rucola
250 g Matjesfilets
3 El Maiskeimöl, Salz
schwarzer Pfeffer
2 El Zitronensaft

Rettiche schälen und zuerst in Scheiben, dann in Stifte schneiden. Tomaten waschen und halbieren oder vierteln. Zwiebel in dünne Ringe schneiden. Die Rucolablätter abspülen, das Wasser abschütteln, die Stiele abschneiden. Matjesfilets abtropfen lassen und in mundgerechte Stücke schneiden. Rucolablätter auf 4 Tellern ausbreiten. Rettich, Tomaten und Matjes vorsichtig vermengen und auf den Blättern anrichten. Öl mit ½ Tl Salz, reichlich schwarzem Pfeffer und Zitronensaft verrühren und über den Salat träufeln, mit Zwiebelringen garnieren.

Vitello Tonnato

12 Portionen
3 Dosen Thunfisch naturell
60 ml Kalbsfond, Salz
10 Sardellen (in Öl)
5 Eigelb, 100 ml Öl
2 El Weißweinessig
4-5 El Zitronensaft
schwarzer Pfeffer
1 Glas Kapern (57 g)
500 g Kalbsbraten-Aufschnitt

Thunfisch gut abtropfen lassen, Kalbsfond und Sardellen zugeben und pürieren. Die Masse kalt stellen. Eigelb, Essig, Zitronensaft, Pfeffer und Salz mit dem Handrührgerät verrühren. Das Öl zuerst tropfenweise, dann in dünnem Strahl unterrühren, bis eine Mayonnaise entsteht. Thunfischmasse mit der Mayonnaise verrühren. Kapern abtropfen lassen und grob hacken. Kalbfleisch, Thunfischsauce und einige Handvoll Kapern in eine Glasschüssel schichten. Zugedeckt kalt stellen.

Marinertes Rinderfilet

△

400 g gehäutetes, entsehntes Rinderfilet
grober Zitronenpfeffer
1 Tl Salz
1 El Zitronensaft
5-6 El Öl
frisch geriebener Käse

Rinderfilet über Nacht locker in Alufolie gewickelt tiefkühlen. Am nächsten Tag in hauchdünne Scheiben schneiden. Die Fleischscheiben auf 4 Tellern rosettenförmig ausbreiten. Mit Zitronenpfeffer bestreuen. Salz und Zitronensaft verrühren und über die Fleischscheiben geben. Mit Öl bedecken und die Teller mit Klarsichtfolie eingeschlagen im Kühlschrank 1 Stunde ruhen lassen. Zum Servieren frisch geriebenen Käse darüberstreuen.

Rezeptregister

L

M

N

O

P

Q

R

S

T

V/W

Z

Bildnachweis

Für die freundliche Überlassung der Dias danken wir im einzelnen den folgenden Firmen:

Bilder auf der Umschlagrückseite:
oben links, unten links und unten rechts: Reformhaus-Kochstudio, Mainz
oben rechts: Ketchum PR, München (Carmel)

IPR&O Beratungsgesellschaft für Kommunikation mbH, Hamburg, für die Seiten: 7, 13, 61, 65, 69, 75, 91, 109, 111, 113, 115, 149, 151, 165, 167, 205, 233, 235.

KOMPLETT Büro, München, und dort im einzelnen:
ADAM für die Seiten: 55, 68, 73, 77, 159, 213, 219, 229.
Bresso für die Seite 155.
CAMPARI für die Seiten: 201, 221, 227, 231.
CARMEL für die Seiten: 11, 53, 56, 59, 71, 209, 215, 223.
CMA für die Seite 211.
Eschenbach für die Seite 153.
Informationsgemeinschaft Bananen für die Seiten: 57, 62, 63, 67, 74, 157.
ITN für die Seite 173.
Kikkoman für die Seiten: 45, 225.
National Sunflower Association für die Seiten: 14, 19, 29, 101, 169, 177, 207.
Thomy für die Seiten: 15, 17, 27, 93, 97, 99, 103, 105, 107, 161, 163, 171, 175, 203, 217.

Reformhaus-Kochstudio, Mainz, für die Seiten: 9, 21, 23, 25, 33, 35, 37, 39, 41, 43, 47, 49, 50/51, 79, 81, 83, 85, 87, 89, 117, 119, 121, 123, 125, 127, 129, 131, 133, 135, 137, 139, 141, 143, 145, 179, 181, 183, 185, 187, 189, 191, 193, 195, 197, 199.

Union Deutsche Lebensmittelwerke GmbH, Hamburg, für die Seiten: 31, 95, 147.